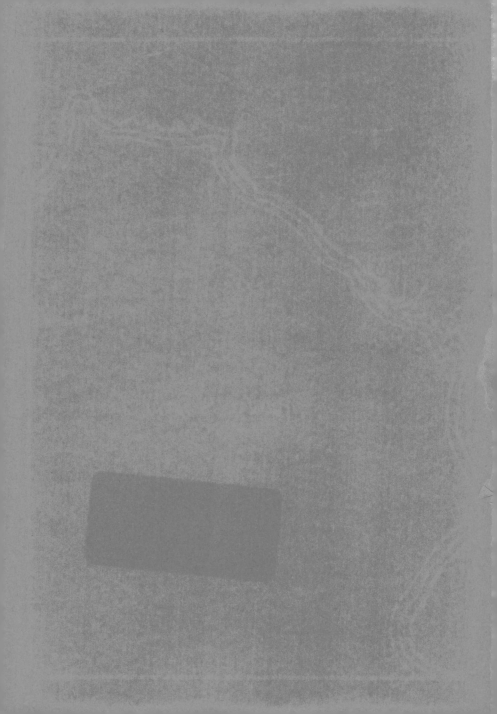

Almeida Faria

# O MURMÚRIO DO MUNDO
## A Índia revisitada

PREFÁCIO
EDUARDO LOURENÇO

COORDENADOR DA COLEÇÃO
CARLOS VAZ MARQUES

RIO DE JANEIRO:
TINTA-DA-CHINA
MMXIII

Edição apoiada pela Direção-Geral do Livro e das Bibliotecas / Secretaria de Estado da Cultura — Portugal.

A viagem do autor foi realizada e suportada financeiramente no âmbito do ciclo «Os Portugueses ao Encontro da Sua História», da responsabilidade do Centro Nacional de Cultura, em 2006.

© Almeida Faria, 2013

1.ª edição: maio de 2013

Edição: Tinta-da-china Brasil
Capa e projeto gráfico: Tinta-da-china Brasil

---

F234m  Faria, Almeida, 1943-
O murmúrio do mundo: a Índia revisitada / Almeida Faria; coordenação Carlos Vaz Marques.
1.ed. – Rio de Janeiro: Tinta-da-china Brasil, 2013.
152 p.; il.; 20 cm.   (coleção de Literatura de Viagens; 2)

ISBN 978-85-65500-07-4

1. Ficção portuguesa. 2. Índia - Descrições e viagens
I. Marques, Carlos Vaz. II. Título. IV. Série

13-00107                    CDD: 869.3
                            CDU: 821.134.3-3

---

Todos os direitos
desta edição reservados à
Tinta-da-china Brasil
R. Júlio de Castilhos 55, Cobertura 01
Copacabana RJ 22081-020
Tel. 0055 21 8160 33 77 | 00351 21 726 90 28
Fax 00351 21 726 90 30
infobrasil@tintadachina.pt
www.tintadachina.pt/brasil

# SUMÁRIO

Prefácio
*A Dupla Viagem*  7

Partida  19
Goa  37
Cochim  81
Regresso  109

Notas finais  113
Sobre o autor  115

# PREFÁCIO
## *A Dupla Viagem*

> Trouxe comigo um bloco confusamente escrevi-
> nhado, uma curiosidade acrescentada, uma cres-
> cente descrença na *elegância da descrença.*
>
> ALMEIDA FARIA

A viagem à Índia é para nós portugueses uma viagem a nenhuma outra comparável. Para nós inaugurou um tempo para sempre fora do tempo. Um tempo destinado a ser o único tempo da nossa História com a configuração de mito universal. Foi-o na hora mesma em que lá chegámos. Como a viagem à lua, há meio século. Foi no círculo desse acontecimento que nos demos então um passado grego e romano idealizado que nunca tínhamos tido. Aquele que um poema converteu na única memória que, desde então, nos serve de presente imemorável e eterno, ao mesmo tempo.

Toda a viagem é viagem à Índia, exigindo-nos que a refaçamos perpetuamente como para nos convencermos que a mais onírica das nossas peripécias de pequeno povo do Ocidente não foi o puro sonho que também foi. Não vamos lá à procura de um continente de fábula onde a imaginação e seus delírios são a prosa mesma da realidade, como o autor deste *Murmúrio do Mundo* tão bem sublinha. Por sua vez, essa fantástica realidade é não só uma tapeçaria fantasmagórica sem igual mas, ao mesmo tempo, uma alegoria vivida de uma viagem como procura de nós mesmos. Não de nós e do passado antes de lá termos aportado, mas de nós para sempre outros e únicos, por esse encontro com um mundo que nada tinha a ver connosco mas que logo nos deslumbrou pelo espectáculo da sua irrealidade, como se fosse um outro mundo (e era e ainda o é...), um mundo que, como por magia e sem nada nos dar de visceralmente seu, nos deu uma outra existência e, sem o sabermos, uma outra alma.

Com a chegada e a estadia de séculos na Índia começava então a mais paradoxal metamorfose que a história do Ocidente conhecerá. Por misteriosa alquimia a nossa ocidental praia lusitana conhecerá, um dia, o mais paradoxal destino, o seu destino-Álvaro de Campos, a de ser por dentro e, pessoanamente, um «Oriente a oriente do Oriente».

Já era um pouco assim que a Lisboa do século XVI podia ser vivida pelos «nórdicos» que nos visitavam e vinham pelo «cheiro da canela» que perfumava as nossas ruas que pareciam «sonhos». Mas só o tempo faria dessa exterior impregnação oriental essa espécie de segunda natureza nossa de retornados de uma Índia e dos seus fumos de cobiça e estática existência. Com o tempo, os fumos evaporaram-se, ficou apenas o perfume e a nostalgia de uma glória longínqua, menos no espaço que na memória. E quando de todo os últimos ecos de uns e de outros se extinguiram, ficou a lembrança nunca extinta desse momento imperial exigindo de nós a repetição simbólica da viagem das viagens num mundo onde a viagem é só quase imagem poética ou mesmo anacrónica.

A singular «Viagem à Índia» do autor de *A Paixão* e de *Lusitânia* não é nem uma coisa nem outra. De algum modo, e como não poderia deixar de ser, é antes uma espécie de «peregrinação de dupla face» à Índia real, agora saída, espectacularmente, do seu adormecimento mítico. É a mesma das evocações clássicas do antigo continente dos marajás e dos párias e agora extremamente pós-moderna, se o tempo indiano consente esta invenção europeia, dinâmica, inovadora, que espanta o mundo e simultaneamente à Índia da nossa memória de portugueses. Destes dois tempos, Almeida Faria compôs um só texto de original poética interseccionista. Não é precisamente a sua *India Song* mas uma partitura ficcional que cruza os nossos textos imemoriais de Quinhentos com o texto da realidade da Índia de hoje, tão outra daquela que os nossos cronistas do Oriente, olhos ainda virgens de ocidentais, podiam reflectir realisticamente.

Pela sua estranheza absoluta e mau grado as vagas de ocidentalização, a começar pela nossa, periférica, e a acabar na inglesa — interna e duradoura — o encontro com a Índia continua a surpreender, a interpelar pelos seus contrastes que têm a espessura de séculos. É uma terra que logo nos envolve, de um envolver que Almeida Faria assimila a uma «dissolução».

Talvez não seja por acaso que Almeida Faria, apenas desembarcado e confrontado com a Índia real, a caoticidade humana, para nós ocidentais, de uma cidade como

Bombaim, antiga terra da presença lusitana oferecida de graça à nossa «aliada» Inglaterra, recebe no corpo e na alma essa mensagem que é já em si a quinta-essência do continente indiano.

Longínqua filha da Índia — e não apenas da Ásia como miticamente a viram os gregos — e todos somos gregos até Valéry — a Europa somos nós de olhos não menos miticamente abertos por nos crermos eternos. Tudo se passa como se a Ásia — e a Índia no centro dela — fosse o espaço matricial do nosso inconsciente onde os deuses, e Buda que o não era, são pintados ou esculpidos de olhos cerrados. Desde Alexandre que uma Europa ainda à busca de si mesma sonhava com essa mãe desde sempre perdida. O que um dia se chamará misticismo aí tem a sua fonte: o antigo, que Plotino inventaria como visão e discurso de um Uno inacessível e só pensável por negação, e o moderno, que Eckhardt cristianizará como um paradoxal budismo sem morte nem dissolução no nada.

Como europeus, todas as viagens à Índia, desde a nossa de primeiros buscadores por mar das suas maravilhas de engenho, de raridades naturais para nós desconhecidas, são sempre regresso ao que não sabíamos que éramos e nos esperava sem nos esperar. Não foi só Alexandre que sonhou a Índia para aí se coroar simbolicamente como soberano universal, Imperador do Mundo. Para nós, portugueses, a chegada à Índia, o deslumbramento que nos causou, a dimensão onírica que nos conferiu para sempre tanto como o futuro fascínio inglês por esse império de sonho que eles converteram em império da realidade, fizeram da Índia o símbolo mesmo da vida como fantasma e fantasmagoria do Ocidente. Uma das mais fascinantes novelas de Kipling converterá o mito do homem ocidental encarnado em Alexandre, ilustrando o sonho imperialista do Ocidente na sua hora culminante mas em mito do homem como rei de si mesmo. Coroado de nada, como a essência da Índia, reino da Ilusão o reclamava.

Uma viagem à Índia, real ou suposta, é sempre da ordem da ficção superlativa, um desafio único à nossa tradição ficcional de europeus que só por excepção é de recorte fantasmagórico. Filhos de Ulisses e de Homero que o evocou, nós sempre nos quisemos confrontar com os obstáculos e monstros da realidade e vencê-los para nós próprios existirmos como deuses. Ninguém o sabe melhor que um herdeiro dessa «quête» de realidade do que aqueles que nasceram para a ficcionar. Ir à Índia, reevocá-la, dá-la a ver aos que não fizeram essa viagem pleonasticamente iniciática nesse Oriente onde, como Pessoa imagina que «Cristo talvez ainda hoje viva, / Onde Deus talvez exista realmente e mandando tudo», é defrontar e confrontar-se com um desafio ficcional em estado puro. A simples evocação da «aparência» desse continente de gentes inumeráveis que vivem como quem morre e morrem como quem nunca viveu como nós ocidentais, inscritos e definidos pela Morte incontornável ou do seu mistério sem leitura, é uma experiência espiritual e vital, em sentido próprio, indescritível. Mesmo a esse nível, que é o do normal peregrino-turista, nenhuma vivência dos outros labirintos ocidentais, mesmo os de Borges e seus mil caminhos que bifurcam, se pode comparar à visão «naturalmente» caótica daquele continente em perpétuo acto de se manifestar terrífica e sumptuosamente, dessa espécie de caos original da vida e da humanidade dela.

A essa espécie de tapeçaria irreal tecida de todas as letras vivas dos actos mais extravagantes do que chamamos, nós ocidentais, a cultura humana, a sua fosforescência contínua de gestos, de actos que relevam para nós dum colossal circo mágico ao ar livre contrapõe o autor de *A Paixão*, filho de um mundo de silêncio e luminosidade grega, uma leitura visual, sensível, sensual, em páginas repassadas de muito visível assombro, de natural fascínio pelo encontro com o «diferente» que nenhum conhecimento prévio da Índia, da sua paisagem, das suas imagens míticas, dos seus ídolos literários ou políticos, pode antecipar. Esse choque cultural, mesmo numa época já sem lugar para a surpresa absoluta dos outros, ninguém o pode evitar. Talvez seja uma das razões que temos para demandar a Índia como lugar por excelência de uma civilização, uma sociedade, uma cultura que mais do que qualquer outra é tão autocentrada, tão densa de temporalidades diversas, tão unificadas por dentro como se sozinha fosse para ela mesma e, sobretudo, para nós, um outro planeta. Sem verdadeiro exterior. Ou um exterior que somos nós.

Como se não bastasse, esse choque cultural que será para todos os que visitam a Índia mais ou menos o mesmo, ou idêntico, é para nós, ou evoca para nós, um espelhismo singular. Singular e capital para a consciência e a leitura do nosso destino de portugueses na história do Ocidente. Foi o encontro com a Índia que marcou, indelevelmente, a singularidade da nossa história de pequena e obscura nação de horizonte cristão que como se fôssemos apenas a nação-navio que após uma longa viagem de uma centena de anos abordou essa terra há muito inscrita no nosso imaginário e, enfim, tocada com um outro mundo. É essa viagem mítica nossa que nos inscreveu e escreveu o Ocidente num outro espaço, virtualmente global, que constitui o pano de fundo deste singular diário de uma viagem-relâmpago à Índia em geral e à *nossa*, em particular, que faz a originalidade do retrato que Almeida Faria nos oferece e o distingue logo na ordem formal de qualquer canónica excursão, ou visita, ao continente de Buda, de Gandhi, de Salman Rushdie, seus contemporâneos ou de Tagore, o primeiro grande poeta de leitura e celebridade universal dos anos 30. É um retrato tirado por um dos mais celebrados e precoces ficcionistas da sua geração, aparentemente silencioso, que aqui reata a propósito de um encontro contingente com a «ficção geocultural que é a Índia» o fio da sua própria ficção. Mas desta vez não o faz apenas na continuidade do seu antigo projecto, saga romanesca centrada na realidade matricial do Alentejo em continuidade na de Portugal como enigma a decifrar e a interpelar com a mesma paixão ficcional. Fá-lo como um autor português que, como todos nós e em nome de nós, já foi à Índia antes de lá ter ido, familiar da legenda imperial insólita que a viagem do Gama nos criou e que deu uma outra existência, um outro passado. Aquele que os cronistas dela e dos seus frutos históricos, colonização ou conquista de improváveis Lisboas na periferia de um continente para nós inconquistável, iam registando um confronto que era menos com a Índia «hindu» do que com a Índia muçulmana. Desses palimpsestos da nossa glória imperial — mas também das cruezas e desvarios que a maculam como todas as colonizações — retira Almeida Faria o contraponto, ou talvez melhor, acompanhamento crítico, irónico, às vezes sarcástico, da nossa gesta finda. É uma viagem-diário com dois textos, o do espectador sem ilusões que retrata a Índia de hoje, tentando registar o que nela mais nos fascina ainda e aquilo que nos escapa e, porventura, nos escapará sempre, tão outros são os códigos culturais desse imenso mas sobretudo milenário cadinho das experiências e vivências religiosas, éticas e ritos da humanidade, e o texto do antigo encontro com o Outro no instante da sua invenção por nós ou se calhar ainda mais de nós por ele. Se em alguma parte o Oriente é «complicado» — melhor seria dizer «complexo» — é aqui. E Almeida Faria o sublinha. E não só o sublinha como ensaísta e filósofo, toca na raiz da diferença, na profunda e singular vivência de «temporalidade», tal como os grandes mitos da Índia, a poesia que os reflecte e a vida quotidiana para nós exemplo de perpétuo pasmo entre fascínio e vaga repulsa exprime.

Mas sente-se que Almeida Faria não foi à Índia como a maioria dos ocidentais e mais do que nunca à procura, por assim dizer, não de um Deus mas de uma «sabedoria» — ou a sabedoria — que desde os tempos de Schopenhauer insidiosa mas profundamente interpela o Ocidente em processo de laicização também ela crescente ou definitiva, pelo menos na aparência ou nem isso.

Esta sua viagem à Índia é uma real e singular «peregrinação», um desejo de conhecer realmente o Outro diferente de «nós» que culturalmente somos como europeus e, em particular, como portugueses que há muito já não somos os «cristãos» orgânicos que durante séculos fomos. Como europeus nós vivemos, prosaicamente, uma espécie de «deserto» que nem é o mítico e sublime Deserto de Pessoa. O antigo projecto «fanático» de dominar e controlar a vida e conhecer o seu sentido não é já crença viva. Como se a Europa estivesse cultural e vitalmente cansada. Como se a mensagem e o exemplo «vivo», se assim se pode dizer, da Índia fossem afinal mais sábios e mais verdadeiros que ser os deuses de nós mesmos, curiosamente no momento em que a Índia (a Índia mítica) acorda do seu voluntário sonho que não separa a Realidade da Ilusão, a Europa vive, melancolicamente, como um continente que já não se projecta num Futuro que simbolicamente a coroava se não da mítica Felicidade e ainda menos da Beatitude de Sentido.

Em última análise, lendo esta tão original crónica de uma não menos singular viagem que é, sobretudo, viagem ao nosso próprio passado de «gloriosos conquistadores», agora só a braços com monumentos sem mais vida e leitura que a da nossa imperial nostalgia — no melhor dos casos — o que Almeida Faria acabou por escrever foi o mais

— 15 —

melancólico dos Requiem por esse esplendor, real e onírico, do nosso perdido Império. Os capítulos consagrados a Cochim e Goa farão para sempre parte dessa partitura póstuma que o fim do nosso império histórico não mereceu. Na verdade só o da Índia foi o único que mereceu revisitar-se e numa ficção mais fabulosa que a mais fabulosa legenda do nosso momento imperial. Nietzsche escreveu «cristicamente» que só os túmulos conhecem as ressurreições. Só a ficção tem esse poder. O seu Requiem, menos pelo império havido que pelo império perdido e, por perdido, mais sublimado que o de Camões, é o triunfo puro da ficção. E o regresso de um grande romancista ao prazer, sem melancolia, da ficção.

Lisboa, 10 de Dezembro de 2011,
EDUARDO LOURENÇO

---

Eduardo Lourenço escreve de acordo com a antiga ortografia.

# O murmúrio do mundo

## PARTIDA

*Despachadas as cousas todas, o Governador se embarcou e se fez à vela meado março, indo ele embarcado na nau São Thomé. Em a qual frota, além de gente ordenada para a navegação das naus, iriam até mil e quinhentos homens de armas, todos gente limpa, em que entravam muitos fidalgos e moradores da casa de el-rei, os quais iam ordenados para ficar na Índia, e por regimento que el-rei então fez eram obrigados a servir lá três anos contínuos.*

Despachada a bagagem dita de porão, *embarcámos* aos trinta dias de novembro num avião sem nome de santo mas dotado do dom de trespassar os céus a altas velocidades. Além da tripulação e dos outros passageiros, éramos cerca de três dezenas de *gente limpa* em que entravam alguns antigos e atuais moradores da casa da governação do Estado, e não nos esperavam meses e meses sem fim no mar até à Índia, nem lá ficaríamos *três anos contínuos*.

Índia: o que nos traz esta palavra? Mahatma Gandhi, Ganges, Gama, Goa, Buda, guru, *Vedas,* Ayurveda, karma, *Kama Sutra, Mahabharata*, encantadores de cobras, faquires, elefantes, tigres de Bengala, vacas sagradas, fogueiras crematórias, yoga, mantra, dharma, castas, párias, Taj Mahal, Akbar, palácios de rajás, turbantes e joias, pedras preciosas, diamantes rosa, colares, pingentes, braceletes, sedas, saris, caxemiras, açafrão, Assam, Darjeeling, caril, gergelim, hinduísmo, Hightech, Meca, Calcutá, Bollywood, Bombaim, Benares...

A Bombaim contávamos chegar na noite seguinte. Chegar a meio da noite a uma cidade que não se conhece pode torná-la mais estranha ainda. As primeiras pessoas avistadas, as primeiras palavras ouvidas, o ar leve ou pesado, a brisa, caso a haja, carregada de ruídos próximos ou longínquos, que não se sabe de onde vêm e intrigam mais por isso, tudo adquire uma importância inusual. Num misto de curiosidade e de cansaço, adivinho em vez de ver, a fadiga alerta-me os sentidos, os ouvidos tornam-se mais atentos, as narinas mais sensíveis, reparo melhor em cada ser, em cada som ou cheiro, sem saber se fico mais consciente de mim mesmo ou se o espírito do lugar toma conta de mim e me dissolvo nele.

Suspeito, sem nenhum fundamento, que em certos lugares somos assaltados de modo enigmático pelo difuso pulsar de existências passadas, pela memória acumulada daqueles que antes de nós ali passaram. Lembro-me de descer de noite do comboio em Veneza num longínquo novembro, caminhar ao longo da gare quase vazia, sair do átrio da estação e deparar com as luzes mortiças na outra margem do canal, junto a uma igreja iluminada. Os nossos passos em direção ao cais dos *vaporetti* pareciam ser o único som naquele silêncio, até que adivinhámos ao longe a vibração de um barco a motor crescendo por cima do marulhar das águas embatendo contra os degraus de pedra da praceta, contra as fatigadas fachadas dos palácios, e tive a sensação de reconhecer o desconhecido, de já ter ali estado.

Não senti isto na madrugada deste outro novembro ao sair do avião em Bombaim, aliás Mumbai, cidade babilónica cuja insónia produz coisas espantosas, misturando o mais arcaico da humanidade com o presente mais caótico, num caldo em que se confunde e explode tudo que é antagónico. Salman Rushdie, nascido em Mumbai no ano da independência da Índia, chama-lhe filha mestiça de um casamento luso-britânico: aqui a Índia encontrou o que não era Índia, aquilo que veio vindo por cima das águas sombrias do mar. Quando Camões aqui desembarcou, vir à Índia exigia (nas suas palavras) uma travessia *longa e áspera*. Hoje, viajar até tão longe apenas exige uns insignificantes sacrifícios. Acordáramos às quatro da manhã, noite fechada, a fim de apanharmos o primeiro voo de Lisboa para Frankfurt, onde, antes mesmo de deixarmos o nosso outono em direção à primavera do outro hemisfério, comecei a ver a Índia das imagens dos meus antigos manuais escolares. Na maioria das cadeiras e sofás em volta das mesas baixas, muitos indianos aguardavam já a hora de embarcar. Calmos, calados, contrastavam com o excesso de agitação e as catadupas de conversas dos outros viajantes. Para além da paciência, do silêncio, de uma certa harmonia nos gestos e lentidão nos movimentos, as diferenças entre os próprios indianos eram óbvias, desde as tonalidades da pele até aos trajes.

A maioria das mulheres seria hindu, a julgar pelo *cucume*, ponto vermelho pintado entre as sobrancelhas das casadas. Umas tinham lenço na cabeça, blusa comprida à maneira das túnicas, calças folgadas. Outras, a blusa justa chamada *choli*, sob o sari habitual nas cores mais luminosas, azul-alfazema, azul esverdeado, azul-ferrete, rosa-roxo, amarelo fosco, amarelo-ocre, vários vermelhos, a ponta superior atirada para trás das costas e a outra drapeando ao longo do tronco, metros e metros torneando a cintura e caindo depois como uma saia:

*As mulheres trazem uns panos de algodão branco, que são de cinco varas de comprido; cingem parte dele da cinta para baixo, outra volta lançam-no por cima de um ombro e pelos peitos, de maneira que lhes fica um ombro ou braço de fora, muito docemente... São ensinadas, de meninas, a cantar e bailar e voltear e fazer muitas ligeirices. São mulheres muito formosas, de muito grande presunção... trazem no nariz um pequeno buraco em uma das ventas e nele mesmo um fio de ouro com uns pendentes de uma pérola, ou de uma safira ou rubi; isso mesmo trazem também as orelhas furadas; nelas muitas orelheiras de ouro com muita pedraria. Ao pescoço uns colarinhos de ouro e de pedraria, justos. Nos braços muitos braceletes de ouro e da dita pedraria, contas de muito bom coral muito rico.*

Os homens, mesmo os mais adaptados ao vestuário ocidental, mantinham aquela distância a que chamamos oriental, uma ausência que não se confundia com aborrecimento. Um deles cabeceava, meditabundo como o Buda. Um outro, alheio aos olhares alheios, dormia mesmo, a cabeça e os braços no tampo da mesa. Por causa do frio lá fora, um velho seco, digno, enfiara um gorro de lã grossa até aos olhos sem perder a compostura nem recear o ridículo.

*São homens baços, quase brancos, de cabelos compridos, corredios, pretos. Isso mesmo são homens de muito boas estaturas e de nossas próprias fisionomias...*

*Trazem uns trajos, a saber, uns panos, da cinta para baixo, com muitas voltas, muito bem apertados; trazem umas camisas curtas que lhes dão pelo meio das coxas, de pano branco de algodão ou seda ou brocadilho, que são mesmo abertas por diante; em a cabeça umas touquinhas... Andam sempre com os corpos untados com sândalo branco e linaloés e cânfora e almíscar e açafrão, tudo moído, diluído com água-rosada. Banham-se cada dia; depois que são banhados, se untam mesmo com estes materiais que cheiram muito.*

Não havendo suficientes lugares sentados, um rapaz indiano pediu-me licença para se encostar à parede ao pé de mim. Vestia camisa branca, gravata, colete e fato completo, leve, como se fosse a uma festa. E ia. Trabalhava em Londres e queria casar em Goa na tarde seguinte porque *ela* era goesa. Imaginando noivos que nunca se viram e um casamento combinado pelos pais com pagamento de dote à família dele, perguntei se conhecia há muito a futura mulher. Deve ter percebido a minha alusão, talvez o meu preconceito, ao responder-me que, se era isso o que eu queria saber, ambas as famílias eram cristãs e portanto não seguiam usos desses. Foi a minha primeira lição prática sobre as mil faces da Índia.

Habituados aos cómodos incómodos dos nossos passeios aéreos, não é fácil pormo-nos na pele dos homens das armadas de outrora, amontoados em acanhados cascos de naus e bergantins, galeões, caravelas e outras embarcações de alto bordo e alto risco, com medo de serem devorados pelos monstros marinhos, ou de que os seus corpos, ao entrarem na zona tórrida, lhes ficassem escuros como os dos povos daquelas quenturas, ou com medo de alcançarem o fim do mundo, lá onde os abismos escancaram as goelas e engolfam navios e homens. Mesmo quem não cria em crendices receava doenças e tormentas e enjoos e tormentos durante os temporais:

*Na própria nau de Tristão da Cunha, primeiro que partissem, morreram seis ou sete, e por esta causa achava-se tão pouca gente para o número que ele havia de levar, que conveio el-rei mandar soltar alguns presos que estavam julgados para ir cumprir degredos a outras partes, porque a gente do reino não se queria meter neste perigo.*

Razões não faltavam para recear a comida estragada, a falta de água, os riscos de ir a terra buscá-la, os ataques dos *mouros* e bandoleiros do mar:

*Coziam os coiros das arcas por se não poderem manter; e sobre a fome, a água que bebiam era meio salobra e tão barrenta dos enxur-*

— 24 —

*ros das crescentes que traziam os rios naquela invernada, que não assentava o pé em dous dias, e isto porque não havia aguada que os mouros não tivessem tomada; e se às vezes os nossos à força de armas a queriam ir fazer, uma gota de água custava três de sangue.*

E os surtos de escorbuto provocados pela falta de frutos e verduras, as epidemias agravadas pelas demoras durante as calmarias temíveis como os naufrágios:

*Ao outro bergantim... acabaram-se-lhe os mantimentos e, indo-os buscar a uma daquelas Ilhas, deram os naturais neles de sobressalto e mataram-lhe quinze homens com o Capitão... e deu-lhes uma tormenta com que se apartaram os bergantins... e todas as quatro embarcações assim como estavam vieram à costa e se fizeram em pedaços, onde morreram quinhentas e oitenta e seis pessoas.*

E a sorte nem sempre era mais generosa para quem não se afogava logo:

*Andámos nus e descalços por aquela praia e por aqueles matos, passando tantos frios e tantas fomes que muitos dos companheiros, estando falando uns com os outros, caíam subitamente mortos em terra, de pura fraqueza, e não causava isto tanto a falta de mantimento, quanto ser esse que comíamos muito prejudicial por ser todo podre e bolorento e, além de feder insuportavelmente, amargava de maneira que não havia quem o pudesse meter na boca... e dos tubarões comíamos uma só talhada da grossura de dois dedos, e assim íamos tão fracos que nos não podíamos ter, e assim passámos*

*muita fome e sede... que houve pessoas que bebiam mijo e dele mor-
reram.*

Para nós tudo se torna agora fácil: entre cada divisória
do gigante volante, tabuleiros com copos cheios de água
convidavam-nos a beber muito para evitar inchaços de pés,
problemas de circulação sanguínea, enfartes, embolias. E, se
a imobilidade nos entorpecia as pernas, podíamos estendê-
-las, mover os tornozelos em pequenos círculos, andar ao
longo das coxias.

Assim que se apagou o sinal de apertar cintos de segurança, houve quem desatasse a caminhar coxia abaixo coxia acima, e a mais original das passageiras ensaiou até uns
exercícios físicos, indiferente a sedentários sorrisos.

Avançando contra o suposto sentido do sol ao voarmos
para leste, adiantamos os relógios, o dia desaparece mais
depressa, tempo e espaço, medidas para mim um tanto má-
gicas, ficam semibaralhadas. A seguir ao almoço era noite,
mas a trepidação em certos percursos e a dificuldade do
meu corpo em saltar fusos horários sabotaram-me o sono.
Por isso, nos vagares da travessia, observei os meus vizinhos
indianos e as suas crianças bem arranjadas, quase demasiado bem comportadas, sem se agitarem nem falarem alto.
Uma pré-adolescente indiana levava preso ao cabelo, em
estilo cerimonioso, um fio com argolas claras que pareciam
de prata e, no pulso, uma espécie de rosário com dezenas
de pequenas contas em madeira, quem sabe se para obter
a proteção de Brahma, criador e energia do mundo, ou de

qualquer outra dos milhões de divindades dessa Índia onde, diz-se, são tantas quantos os humanos porque cada um tem a sua.

Sem conseguir dormir, fui lendo sobre a cidade onde em breve aterraríamos. Segundo uma etimologia aparentemente óbvia embora errónea, o nome Bombaim provinha da expressão portuguesa «Boa Baía», transformada pelos ingleses em Bombay por julgarem tratar-se de uma baía (*bay*). Na verdade, Bombaim não era baía, era uma série de sete ilhas e ilhotas pantanosas agora ligadas. No ano cento e cinquenta da nossa era, Ptolomeu chamara-lhe Heptanásia, por causa das sete ilhas que os hindus apelidaram de Mumbai invocando talvez a deusa Mumba para que ela lhes concedesse a segurança da terra firme. À cautela deram uma ajuda à deusa, construindo sucessivos aterros, paredões, canais e diques. Os quais, contudo, na estação das chuvas, não impedem as águas de incharem e inundarem casas, ruas e bairros. Já no século dezassete, António Bocarro, sucessor de Diogo do Couto como cronista e guarda-mor da Torre do Tombo de Goa, registou o termo «Mombaim»:

*Esta povoação de Mombaim é cousa pequena, espalhada. Tem onze portugueses casados, o que, com os naturais pretos, vem a fazer setenta espingardeiros.*

A rebatizada Mumbai, com mais habitantes que Portugal inteiro, é hoje *cousa* gigantesca e capital do estado de Maharashtra. O aeroporto internacional cheirava a mofo apesar do ar condicionado, um bafio que a memória me trou-xe misturado com imagens de outros aeroportos, noutros trópicos, Rio de Janeiro, Salvador, Aracaju, Recife, Bissau, Dakar, São Tomé, Luanda a seguir ao Natal, quando cheguei à porta do avião e a primeira baforada de abafada humidade me deixou incapaz de respirar. Mas aquelas distantes des-cidas em terras tropicais eram uma visão arcádica quando comparada com a multidão sonâmbula que cercava o car-rossel das bagagens às duas da madrugada em Mumbai, e se esgueirava uma hora mais tarde diante de funcionários al-fandegários de fardas às três pancadas, fixando-nos como se fôssemos aves raras. Fora, no calor compacto, odores fortes a gases de automóveis, a sujidade, a suor. E crianças-rapazes pedindo. Tinham-me aconselhado a nunca dar esmola por-que depois os pedintes não nos largam. O olhar indefeso, a insistência e a idade deles despertaram em mim a tortura da compaixão, a obscura vocação para a culpa, e distribuí ao acaso as rupias acabadas de trocar.

Os rapazes desapareceram numa correria, e só então reparei nos carregadores desinteressados das nossas ma-las, sentados ou encostados aos carrinhos metálicos enor-mes, desajeitados, antiquados, aqui ainda usados para levar malas. No imenso parque de estacionamento à nossa frente, centenas de táxis parados com ar de ali estarem há séculos. Falar em centenas de táxis soa a mendespinti-ce. Garanto que não mendespinto. Nas entupidas ruas de Mumbai andam cinquenta mil táxis de vários tipos, uns de tejadilho cinza, amarelo ou creme claro e portas azuis ou pretas, outros com frisos decorativos colados aos vidros, muitos como riquexós de três rodas e sem portas, para que a circulação do ar faça as vezes de ar condicionado. Teriam os taxistas estacionado no aeroporto para se adiantarem na fila e apanharem os primeiros passageiros do dia seguinte? Estariam dormindo por ali? Nesta terra e nesta época, quem não tem teto dorme onde calha. Mais tarde, em Goa, na festa de São Francisco Xavier, verifiquei que dormir ao relento, sobre um pano, um lençol, uma esteira, é coisa corrente. E comecei a levar à letra o que antes lera: que aqui a realidade é tanto mais provável quanto mais inverosímil. Ia eu perguntar ao nosso condutor do autocarro o porquê de tanto táxi, quando as mãos infantis surgiram de novo, agora em bando, pedindo *money, chocolate*. O condutor gritou para nós: *please close the windows*. Foi pior. Já as mãos subiam pelas rodas, pelo estribo, batiam nos vidros, já as caras esquálidas, estremunhadas, esborrachavam o nariz contra as vidraças. Como vieram assim de repente, a milhas do centro, saídas de dentro do escuro da noite sem fundo? E como se evaporaram também de súbito, antes mesmo de nos afastarmos? Foram amaldiçoadas? Até ao hotel, na Nehru Road, perto do aeroporto, não vimos senão periferias, casas degradadas, barracas de comes-e-bebes, noctívagos meio perdidos, cães e lixo. Mas o *Ecotel — The Hallmark of Environmentally Sensitive Hotels* — era o oposto disto. Em folhetos nas mesas da entrada, a astuta gerência anunciava que, desde o papel de carta à esferográfica forrada a papel pardo e aos sapatos de quarto, tudo era reciclável.

— 29 —

As cascatas e as palmeiras em vasos no alto átrio para onde davam os seis pisos dos quartos e no meio do qual, sem ruído, subiam e desciam elevadores de vidro; o número exagerado de empregados desesperantemente amáveis, uns para nos desejarem boas-vindas, outros para nos oferecerem refrescos, outros apenas para ondularem a cabeça de maneira esquisita, dizendo *sim* num movimento mais semelhante ao nosso *não*, ficando a gente sem saber se é *não* ou *sim*; e o cansaço da viagem, o identificar das malas e o carregar com elas, a entrega dos passaportes e a recolha dos passaportes, o subir a um quarto desconfortável e cair numa cama desconhecida receando que o corpo me tivesse ficado para trás, incapaz de acompanhar mudanças tão radicais em ritmo tão rápido, tudo esvaziava de poesia aquela chegada à Índia. Poucas horas passadas, tendo adormecido tardíssimo e acordado cedo de mais, num tempo indeciso em que, para o relógio do meu corpo, o dia era ainda a noite anterior, a noite interior, interroguei-me sobre se o olhar duro daquelas crianças adultas fora um pesadelo da *hora do lobo*, a pior hora da noite, ou se as mãos infantis, as bocas tristes e as caras pedintes realmente existiram.

A caminho do aeroporto de voos domésticos com o nome ainda cristão de Santa Cruz, a crua luz da manhã seguinte mostrou-nos as vacas sagradas, ou seja, qualquer vaca. Paradas na berma de ruas esburacadas, andando devagar ou deitando-se em tudo quanto é sítio, não se assustam com coisa nenhuma, certas de que ninguém lhes fará mal, de que estão fora das leis da pecuária. Mastigando melancolia numa estoica impassibilidade, numa introspeção grave e contínua, emanam uma serenidade absorta e meditativa. O serem sagradas não as salva de serem sujas e escanzeladas. De cornos curtos e cabeças mais estreitas que as vacas europeias, há-as com o cachaço carnudo dos gebos ou zebus ou com gibas pequenas, talvez arraçadas de zebu. São tão magras que as costelas se podem contar. A pelagem baça, acastanhada ou acinzentada, raramente respira saúde. Serão indiferentes ao que as rodeia e demasiado fracas para que lhes apeteça dar um passo, obrigando os carros a desviar-se? Resistem apenas? Ou protestam contra a pressa de quem, como nós, insiste em furar por entre a desmesura do trânsito caótico de bicicletas, camionetas e roucos automóveis, frenesim buzinante e contudo fluente.

Nos sacrifícios védicos, o leite e a manteiga clarificada são usados com fins rituais, sendo o leite vertido sobre os símbolos religiosos e a manteiga lançada sobre o lume a fim de tornar mais duradoura a chama. Os excrementos vacuns, além de servirem de estrume, servem há milénios de combustível doméstico, com eles se cozinha e se aquece. A urina, aproveitada para corantes, é também utilizada em cerimónias purificatórias. O grupo nacionalista RSS deu-lhe mesmo um novo uso: para acabar de vez com os efeitos deletérios da Pepsi ou da Coca-Cola, bebidas «anti-indianas que corrompem a juventude», encomendou ao Departamento Protetor da Vaca o fabrico da bebida gasosa Gau Jal (Água de Vaca), feita à base da dita urina e com a vantagem de não ter cheiro nem produtos tóxicos.

Perfeita aliança entre o sagrado e o profano, entre razão prática e razão teórica. A Índia passa aliás por ser o país mais religioso do mundo. De acordo com um censo recente, três quartas partes dos indianos são hindus, doze por cento muçulmanos, seis por cento cristãos. Os seis ou sete por cento restantes são animistas, budistas, judeus, siques, jainistas e, em número residual, os masdeístas ou parses, descendentes dos persas e seguidores de Zaratustra ou Zoroastro (século sete a.C.), que colocam em altas torres de pedra os mortos que serão libertados dos seus corpos pelos bicos e garras de corvos e abutres, curtidos pela feroz luz do sol, lavados pelos dilúvios da chuva. Sem esta riqueza de religiões, como suportariam os indianos tanta miséria?

Enquanto avançávamos por terras cor de ferro, sem árvores ou só com um par de árvores poeirentas, entre as vacas-sem-medo e casinhotos de tábuas servindo de lojas, oficinas de motos, montes de carros velhos e sucata, sórdidos charcos, águas empapadas, uma fábrica inativa com ar de arqueologia industrial, lembrei-me de dois momentos que determinaram, em parte, *os muitos ontens da história* desta hipercidade.

O primeiro foi em mil quinhentos e trinta e três, quando um sultão que precisava de aliados ofereceu aos recém-chegados portugueses o controle sobre umas ilhas ditas de Mumbai. O segundo, pouco mais de um século depois, foi quando os portugueses incluíram Bombaim no dote da infanta Dona Catarina de Bragança, para convencerem a coroa britânica a casá-la com Carlos II. O dote só aparentemente era magnânimo. A criação das primeiras Companhias das Índias Orientais, a inglesa em mil e seiscentos e a holandesa dois anos depois, retirara aos portugueses parte do poder na Ásia. Já em mil seiscentos e vinte e seis os navios ingleses tinham assaltado Bombaim, roubando e queimando tudo. Para evitar tais assaltos, o contrato pré-nupcial entre as Casas Stuart e Bragança estipulava que a frota britânica ajudaria os portugueses na defesa das suas praças. Promessa vaga que logo em mil seiscentos e sessenta e um o vice-rei daquela Índia que os portugueses consideravam sua previu que seria uma Caixa de Pandora. Adiou a entrega o mais que pôde, prevenindo por carta o rei de Portugal:

*Confesso aos pés de Vossa Majestade que só a obediência que devo como vassalo pudera forçar-me a esta ação, porque antevejo os grandes trabalhos que desta vizinhança hão de nascer aos Portugueses; e que se acabou a Índia no mesmo dia em que a Nação Inglesa fizer assento em Bombaim.*

Claro que a Índia não acabou, o poder marítimo-militar dos portugueses é que já declinava quando, na desastrosa derrota da Invencível Armada, Felipe II de Espanha afundou no Canal da Mancha a sua frota, que então incluía a lusitana. Durante os sessenta anos de união entre Espanha e Portugal, os inimigos da Espanha tornaram-se inimigos de Portugal, e o policiamento dos demasiado valiosos portos da Índia transformou-se numa guerra contínua, não apenas contra o inimigo *ismaelita, com quem sempre terás guerras sobejas*, também contra potências europeias e contra os senhores clandestinos dos mares: piratas e corsários.

No ardor da manhã do primeiro de dezembro, descolámos do aeroporto doméstico na antiga ilha de Salsete, hoje parte da Grande Mumbai, sobre bairros de lata num solo acastanhado, desguarnecido e devastado de subúrbios que nem o sol conseguia tornar menos soturnos. Mas, ao rumarmos a sul, mudou o mundo: à nossa esquerda os contrafortes dos Gates Ocidentais escorregavam até aos recortes da orla do Mar Arábico, liso, translúcido, cheio de angras, enseadas, desembocaduras de rios e riachos sombreados pelos troncos empinados e pelos ramos ralos dos coqueiros, decerto semelhantes aos do tempo do Gama:

*Quero descrever outra árvore, a melhor do mundo: chama-se tenga [coqueiro] e parece uma palmeira das de tâmaras, podendo-se tirar dela dez utilidades. A primeira é lenha para arder, e depois nozes para comer, cordas para navegar por mar, panos delgados que depois de tintos parecem de seda, bom carvão, vinho, água, azeite e açúcar; as folhas que se tiram quando cai algum ramo servem para cobrir as casas e resistem à água por meio ano.*

Assim, visto de cima, o verde intenso das palmeiras ondulava levemente:

*Toda esta terra do Malabar, ao longo do mar, é coberta de palmeiras... têm os pés muito limpos e lisos, somente, em cima, uma copa de*

— 34 —

*ramos entre os quais ramos nasce uma fruta grande que se chama coco; é fruta de que eles muito aproveitam; cada ano carregam dela muitas naus do Malabar.*

E nestas árvores os europeus iam descobrindo, com fascínio e cobiça, qualidades inauditas:

*Há outras palmeiras de outra sorte, mais baixas, donde se colhe a folha em que os gentios escrevem suas contas e cartas e livros e há outras palmeiras delgadinhas, muito altas, limpas as hastes delas, em que nascem uns cachos de uma fruta, tamanha como nozes, que eles comem com o bétel, que chamam areca, que é entre eles muito estimada e muito fera e desgostosa.*

# GOA

Uma hora depois de deixarmos Mumbai, já o nosso avião rolava sobre a pista do aeroporto de Dabolim, junto à margem sul do Zuari e da cidade Vasco da Gama, assim chamada em homenagem ao primeiro europeu a alcançar por mar a Índia, em fins do século quinze. A sua venturosa e bem planeada viagem pela *volta do Cabo*, ou seja, torneando o Cabo Tormentoso que os portugueses rebatizaram de Cabo da Boa Esperança, durou dez meses e meio até ancorar, graças às indicações do seu piloto árabe, diante de Calecu, Calicut ou Calecute, onde há já cinco séculos reinava a dinastia Samudri ou Zamorin, o *Samorim potente* d'*Os Lusíadas*. As travessias de agora duram uma dúzia de horas: estávamos em Bombaim na noite da partida e em Goa na manhã seguinte. Quase rotina. Dantes, à chegada de um vice-rei ou governador português, o seu antecessor, se não tivesse morrido, ia *entregar-lhe a Índia*:

*A cidade fez grande recebimento ao Governador, e Martim Afonso de Sousa lhe entregou a Índia na forma acostumada.*

Nós, que viemos visitar o presente e procurar perceber o passado, fomos recebidos com colares de búzios e de flores no Hotel Cidade de Goa, um feliz edifício de terraços sobre o mar, entre palmeiras, coqueiros, buganvílias bordejando a exígua e quase íntima Vainguinim Beach. Mas a memória não é de glórias só. Desglórias não faltaram. O cronista oficial do reino de Portugal de Aquém e de Além-mar, contemporâneo de Afonso de Albuquerque e insuspeito de má vontade, descreveu a entrada dele em Goa com a crueza de um direito natural de quem conquista:

*A primeira terra que tomaram foi a barra de Goa, dia da Assunção de Nossa Senhora, que é a quinze de agosto; a vista da qual frota, como era de treze naus mui grossas, em que iam mais de mil e oitocentos homens, foi tão alegre aos nossos quão triste aos mouros: cá bem viam nelas que se lhes aparelhava algum triste fim da sua estada ali...*

*Afonso d'Albuquerque mandou dar aos mouros outra sepultura digna de seus méritos, que foi aquele rio de Goa que ceva aos lagartos [jacarés]. Parte dos quais corpos a maré foi lançar por esses estaleiros da terra firme ante a vista dos seus, para serem melhor chorados... Feita esta obra com os mortos, mandou fazer outra aos mouros vivos, que foi não perdoar a quantos foram achados, assim na própria ilha de Goa como nas outras que estão derredor dela, por capitães que para isso ordenou, alimpando a terra daquela má casta.*

Para aumentar o número de pontos de apoio da sua frota em África e na Ásia, Albuquerque foi conquistando praças-

-fortes aos muçulmanos que controlavam até aí o comércio no Índico:

*no mar da Índia o exército fracionava-se em batalhões indepen-dentes, e cada capitão era senhor de prosseguir, conforme o seu pla-no, na vasta empresa de saquear o Oriente...*

*Os* fumos *da Índia (como Albuquerque dizia) embriagavam os pobres portugueses...* Na Índia o fumo *desenfreava o animal, que se retouçava delirante nas sedas e nos perfumes, nas frutas e nas mulheres, coberto de diamantes...*

Na primeira tarde da nossa expedição estudiosa, vislum-brando de passagem praias e litorais dos seus cem quiló-metros de costa, iniciámos a metódica peregrinação àquilo que, aqui como no Brasil, os portugueses fizeram de melhor e mais durável: igrejas e fortalezas.

O Forte dos Reis Magos, sucessivamente conhecido por Forte Velho de Goa e Fortaleza de Bardez, eleva-se sobre os escombros de uma alcáçova que Albuquerque tomara aos árabes. Protegia as naus que em Goa *dessem e tomassem car-ga*, e servia de ponto de partida para a ocupação de Bardez, a norte desta foz. Em mil quinhentos e cinquenta e cinco, cinco anos depois de começada a reconstrução do forte, iniciaram-se logo ao lado as obras da Igreja dos Reis Magos, agora The Magi. Erguida sobre alicerces de um templo hin-du arrasado, ainda hoje impressiona a sua sábia situação à beira-rio, o aparato da escadaria e o equilíbrio da fachada lá em cima. Ao alto das escadas aguardava-nos um afável casal que, num português aqui já raro, nos guiou pelos tesouros da *sua* igreja, com discretos orgulho e protestos contra a falta de apoio material. Lá dentro, entre quatro colunas salomónicas de cores vivas, douradas, brilha com ingénuo engenho o retábulo da Adoração dos Magos.

Não longe dos Reis Magos e comandando a imponente foz do Mandovi, fica o Forte ou Fortaleza da Aguada,

*a maior e mais saudável de toda a Índia Portuguesa. Aqui há muita e excelente água de que os navios se refazem, sendo que de aí lhe veio o nome.*

A engenharia das poderosas escarpas e contraescarpas, da cisterna, do fosso e da praça-de-armas lembra tempos em que o forte estava pronto a disparar em seis direções sobre os navios inimigos que tentassem alcançar a barra, assaltar a cidade. Seria uma das *três ou quatro fortalezas* que nem o mais lúcido dos vice-reis podia contestar,

*porque basta para senhorear a Índia três ou quatro fortalezas muito fortes, e nos outros lugares ter feitorias, e uma grossa armada posta no mar muito bem aparelhada; e para a perder não se podia dar melhor remédio que o que até agora ordenaram os governadores, e foi fazerem fortalezas muito fracas e em ruins sítios, e descuidarem-se grandemente do mar e de fazer armada.*

Naquela tarde, quem do cimo da sua bem conservada muralha olhasse esta costa outrora fervilhante de barcos, sobre a silhueta dos palmares não avistaria senão uma pequena embarcação parada. Anódinas na vastidão vazia do Índico, só umas ondas tão inaudíveis como as nossas vidas, mal se distinguindo onde uma acaba e a próxima principia.

E em Goa o mar nunca está longe. Na *instituição culinária* Souza Lobo, em Calangute, a sul de Anjuna, o ruído da fraca rebentação era abafado, à noite, pela música na praia iluminada. Em volta, as poeirentas ruas do bairro exibiam pedintes miseráveis, música-barulho, *hippies* envelhecidos do século passado, vendedores de restos dos *fumos da Índia*, de artesanato verdadeiramente falso, de pechisbeque e outras inutilidades. No restaurante Nostalgia, outra *instituição culinária*, os proprietários explicaram-nos receitas com ecos de nomes portugueses: *vindaloo* ou *vindalho* é a vinha-de-alhos, *sorpotel* é o sarapatel, guisado ancestral de sangue de porco ou borrego apurado em banha com o coração, o fígado, as tripas e os rins respetivos. No Portugal rural chamam-lhe sarrabulho. Aqui, claro, é picante e indianamente condimentado.

*Servem-se muito de frutas e coisas de hortaliça e de ervas do campo para seus manjares... têm muitos vergéis, hortas e pomares onde vão tomar seus desenfadamentos, onde mesmo criam frutas e muitas hortaliças que são necessárias às vidas dos gentios, que não comem coisa que receba morte.*

Esta e outras descrições do Outro nos primeiros textos de Quinhentos revelam certa empatia em relação aos *gentios*. Albuquerque, que além de *terríbil* era astuto e notável estratega, incluía estes *gentios* no seu projeto de *segurar o estado da Índia* através de uma política de povoamento e casamentos entre indianas e portugueses. Logo após a sua entrada em Goa, começou a

*casar alguma gente portuguesa com estas mulheres da terra, fazendo Cristãs as que eram livres, e outras cativas, que os homens tomaram naquela entrada e tinham para seu serviço; se algum homem se contentava dela para casar, [Albuquerque] comprava-a a seu senhor e por casamento a entregava a este como seu marido, dando-lhe à custa d'el-rei dezoito mil reais para ajuda de tomar sua casa e com isso palmares e herdades daquelas que na Ilha ficaram devolutas com a fugida dos Mouros...*

*Finalmente, com os mimos e favores que Afonso d'Albuquerque fazia a estes desposados, foi em tanto crescimento acerca da gente baixa este alvoroço de casar, que, acertando Afonso d'Albuquerque uma noite de casar uns poucos em sua casa, quando se expediram daquele ato do desposório, levando cada um sua esposa, parece que com a multidão da gente, por não haver muitas tochas que os acompanhassem, perderam as mulheres; e no buscar delas, como a luz não era muito clara, trocaram as esposas...*

*Porém, quando veio ao seguinte dia, caindo no engano da troca, desfizeram este enleio, tomando cada um a que recebeu por mulher, ficando o negócio da honra tal por tal. E como, neste princípio, a gente baixa não fazia muitos escrúpulos no modo de casar, ora fosse escrava de algum fidalgo, de que ele tivera já uso, ora novamente tomada da manada do gentio e feita cristã, a recebia por mulher, e contentava-se com o dote que lhe Afonso d'Albuquerque dava...*

Quando Albuquerque morreu a bordo do seu barco em mil quinhentos e quinze, diante de Goa, *ilha ilustríssima*,

*os gentios canarins da terra... vendo o seu rosto descoberto com aquela honra e gravidade de sua pessoa e alvura da barba que a idade e trabalhos lhe tinham dado, faziam e diziam cousas que não havia pessoa que se tivesse ao choro, e principalmente movidos com o pranto de quantas mulheres ele tinha casado.*

Casamentos destes, entre europeus e *gentias* convertidas, deram origem aos chamados *descendentes*. Mas as castas dominantes — brâmanes (casta letrada, de origem sacerdotal, nascida da boca do primeiro ser humano) e chardós (casta guerreira e governante, nascida dos míticos braços desse ser primordial) — pretenderam manter-se intocadas por sangue europeu, considerando-se uma espécie de aristocracia rural.

A família Figueiredo, em Loutolim, na margem esquerda do Zuari, dona de latifúndios há nove gerações, continua a viver no seu palácio com varanda corrida ao nível do primeiro andar da extensa frontaria, interrompida só pelo pórtico a que chamam *balcão* e que encima a escada exterior de acesso à casa. Maria de Lourdes Figueiredo Vieira de Albuquerque passa parte do ano em Lisboa, é NRI (*Non Resident Indian*) e recebeu-nos, loquaz, no elegante salão de baile com móveis indo-portugueses, velhos retratos, um exército de cadeiras ao longo das paredes e vidraças abertas para que o ar abafado circulasse. Enquanto Dona Maria de Lourdes evocava figuras da família, repetindo, talvez sem dar por isso, a frase «Nós, lá em Portugal», sentei-me junto a uma janela, estonteado pelo calor e pelo colar de histórias da dona da casa, e avistei no pátio um homem de chapéu mole, barba e bigode, corpete verde, calças cor de açafrão, botas de cano flexível e uma curta espada bastarda, embainhada e decorativa. Sorriu para mim com ar de quem me conhecia e, pelo movimento dos lábios, pareceu-me que murmurava algo. Estremeci como se despertasse, ao voltar a olhar já ele lá não estava.

Diante da casa, à saída, reparei melhor na várzea de arroz crestada pelo sol e rodeada por mangues e coqueirais que a brisa morna e mole mal tocava. Na lonjura, a mancha escura de um búfalo. Mais perto, mulheres de saias claras meio metidas na água mondavam o arrozal. Se, em vez de virmos no tempo da monda, tivéssemos vindo na semeadura, veríamos os diabos fazendo barulho:

*Quando querem semear o arroz, observam este uso. Primeiro aram a terra com os bois, à nossa maneira, mas quando semeiam o arroz no campo têm todos os instrumentos musicais da cidade que tocam continuamente, fazendo alegre barulho. Ao mesmo tempo, dez ou doze homens vestidos de diabos, juntamente com os músicos, fazem grande festa, para que o diabo faça produzir grande quantidade de arroz.*

De manhã visitáramos em Chandor, a vinte quilómetros de Margão, a casa apalaçada dos Menezes de Bragança, goeses cristãos que adotaram o apelido da última família real portuguesa. No rés-do-chão do século dezassete, a luz ainda é coada por translúcidas placas de madrepérola presas entre caixilhos, enquanto no piso nobre as largas janelas de sacada são já envidraçadas. Dentro, por todo o lado louça chinesa de quando os barcos vindos da China para a Europa carregados de mercadorias faziam escala em Goa. A galeria de vinte e oito janelas, a sala de baile com o cadeirão em pau-rosa excessivamente trabalhado, os armários da biblioteca atafulhada de clássicos portugueses, os aposentos privados, tudo exalava um exausto cansaço. Diz-se que a capela privada, também em talha dourada, se orgulhava de guardar a relíquia de uma unha de Francisco Xavier, *o santo de Goa*, que nasceu em mil quinhentos e seis no castelo de Javier, perto de Pamplona, estudou na Sorbonne e fundou a Companhia de Jesus com Inácio de Loyola.

A festa de São Francisco Xavier é a três de dezembro e, em dois mil e seis, esta data celebrava igualmente meio milénio sobre o seu nascimento. Como o três de Dezembro era domingo, a Igreja adiou as solenidades da missa pontifical para segunda-feira. Assim os festejos duraram dois dias.

Ao longo de todo o domingo, milhares de crentes foram enchendo Velha Goa, procurando dois metros quadrados onde pudessem dormir ao ar livre, perto da derradeira estação do corpo do santo, a Basílica do Bom Jesus, mandada construir pelos jesuítas com o esplendor do seu interior barroco e a sóbria beleza da fachada em laterite avermelhada. Ao pôr do sol, filas intermináveis aguardavam a sua vez de desfilar diante do corpo do santo, e cada palmo disponível junto à Sé ou junto à igreja vizinha, dedicada a São Francisco de Assis, estava ocupado por famílias sentadas no chão, em cima de lençóis e panos, esperando na maior tranquilidade que a noite chegasse. Diante da abandonada igreja de Santa Catarina (no sítio onde Albuquerque, em mil quinhentos e dez, justamente no dia de Santa Catarina, entrou na cidade como um imperador vitorioso), alguns peregrinos faziam um respeitoso piquenique, de vez em quando interrompido por rezas de ladainha. Quando escureceu, benzeram-se, voltados para a porta fechada da igreja e, tendo-nos ouvido conversar enquanto descansávamos sentados nos degraus, desejaram-nos as boas-noites em português.

Francisco Javier, após uma passagem preparatória por Lisboa onde lhe aportuguesaram o nome e onde embarcou com cerca de mil homens em mil quinhentos e quarenta e um com destino a Goa, chegou aqui treze meses mais tarde como núncio papal:

*O Padre Mestre Francisco com os companheiros, que vieram no galeão com o Governador, se recolheram ao hospital, começando logo a dar grandes mostras de suas vidas e doutrina.*

Consta que batizou e converteu trinta mil *gentios* em pouco tempo, embora por processos e segundo critérios heterodoxos. Nomeado reitor universal da Companhia de Jesus *nas partes da Índia* e superior da Missão no Oriente que incluía todos os territórios desde o Cabo da Boa Esperança até à China, foi a Cochim, ao Cabo Comorim, a Malaca, a Sumatra, a Bornéu, às Celebes. Isso lhe deu *grande nome de santo na voz de todo o povo, por milagres que lhe lá viram fazer.* Evangelizando, cuidando dos enfermos e já com a reputação de ressuscitar defuntos, Xavier meteu em seguida, com outros jesuítas, *suas fazendas e vidas na viagem de Japão.* Por lá andou dois anos, estudou japonês e converteu ou julgou converter *gentios*, até que a resistência nipónica ao seu zelo apostólico o levou a deixar o País do Sol Nascente e a tentar o impenetrável império chinês. Aí adoeceu,

*no porto de Sanchão, que é uma ilha a vinte e seis léguas da cidade de Cantão... até que de todo deu a alma a Deus, que foi a um sábado, aos dois dias de dezembro do ano de mil quinhentos e cinquenta e dois, à meia-noite.*

Três meses e cinco dias a seguir ao *enterramento*, uns portugueses que o desenterraram

*acharam-lhe o corpo todo inteiro sem corrupção nem falta alguma, tanto que nem na mortalha nem na sobrepeliz que tinha vestida acharam defeito nem nódoa, mas ambos tão limpos e tão alvos como se naquela hora os ensaboassem, e com um cheiro suavíssimo.*

Ao *cheiro suavíssimo* somar-se-ia a fama de que, apesar dos três meses e cinco dias debaixo de terra e das várias semanas de mar até Goa, um ano mais tarde ainda o cadáver estava em perfeito estado. Depositado na igreja do Bom Jesus, a primeira na Ásia a receber do papa o título de basílica, o corpo era exposto no aniversário da sua morte, festa em que os fiéis lhe beijavam os pés. Numa dessas festas, uma tal Isabel, aproveitando a confusão, arrancou-lhe com os dentes um dedo do pé e levou-o para casa metido na boca. Noutra ocasião, outro adorador arrancou-lhe outro dedo, de modo que, dos pés deste constante caminhante, sobram agora, apontados aos céus, dois dedos grandes, um de cada pé.

Melhor sorte não teve o braço direito, que tanto abençoou, tratou e ressuscitou gente. Parte dele despegou-se do tronco e, por ordem do papa Paulo V, em mil seiscentos e catorze o antebraço e a mão seguiram para Roma. A Província dos jesuítas no Japão pediu o resto do braço. Setenta anos após a sua morte, o Apóstolo do Oriente foi canonizado e, desde aí, a crença nos seus milagres não parou de aumentar. Em mil seiscentos e noventa, para ser bem-sucedida num próximo parto, a rainha de Portugal Dona Maria Sofia de Neuburg quis ter em Lisboa o solidéu que cobria a cabeça do santo há cento e trinta e oito anos. A carreira da Índia chegou a tempo de trazer de Goa o solidéu. Com ele posto na cabeça, à real parturiente o transe só podia correr bem. Retribuindo a graça concedida, sua alteza bordou para o santo, ela própria, uma vestimenta luxuosa. Cosimo III, grão-duque da Toscânia, foi mais mãos-largas: a troco da almofada onde a santa nuca pousara e repousara, encomendou ao escultor florentino Giovanni Battista Foggini a feitura de um monumento tumular com três altas bancadas de mármore, em que o artista trabalhou durante dez anos até embarcarem o monumento para Goa, dentro do qual está guardado o corpo do santo, numa urna de vidro e prata outrora cravejada de pedras preciosas.

Corpo que ficou em Goa quando, no século dezoito, expulsa a Companhia de Jesus de todos os territórios portugueses, os jesuítas de Goa foram levados sob prisão até Lisboa, a caminho do exílio, numa nau sabotada, ao que parece, por uma ordem religiosa rival. Sem água nem mantimentos que bastassem, ao ancorar a nau no Tejo,

*dos cento e vinte e sete padres embarcados, vinte e quatro tinham morrido na viagem, dezasseis deles estavam ungidos e a maior parte doentes, sendo só dez os que de pé podiam assistir aos demais.*

Teriam levado consigo o ressequido corpo de Xavier, se disso não os impedisse o vice-rei,

*pois bem sabia que com este corpo, antes que com muralhas e armas, se salvara mais de uma vez a cidade de Goa de uma invencível invasão de inimigos, e nem também os cidadãos goanos consentiriam que se levasse o santo Xavier que eles consideravam como o para-raios*

*para-raios* esse ainda hoje venerado por *goanos* católicos, hindus e muçulmanos, caso provavelmente único no mundo. Os primeiros portugueses chegados à Índia não combatiam o hinduísmo, julgaram ver até afinidades entre o seu culto e o dos *gentios*:

— 49 —

*Estes brâmanes e gentios têm muito por semelhas à Santa Trindade, honram muito o conto de três em trino... e quanto à nossa maneira de honrar a Igreja, dizem eles que, entre eles e nós, há muito pouca diferença.*

Albuquerque limitou-se a exigir o batismo às indianas casadas com portugueses ou escravas deles, e a proibir o *sati*, sacrifício em que a viúva era embriagada e atirada viva para cima da pira onde ardia o defunto marido:

*E são logo as panelas de azeite tantas sobre ela, que em menos de quatro credos nem ossos ficam para se queimarem.*

Os próprios jesuítas que vieram com Xavier começaram por admirar os templos hindus. Como Loyola exigia o metódico envio de relatórios para Roma e a troca de correspondência entre os seus seguidores contando os seus trabalhos e o que viam e ouviam, nos arquivos da Companhia há milhares de cartas, e numa delas o jesuíta Manuel de Morais Sénior escreveu em mil quinhentos e cinquenta e dois:

*Os pagodes, alguns deles, são mais ricos que a mais rica igreja que há em Lisboa, tendo muitas imagens de metal, todas cobertas de muito fino ouro.*

O *muito fino ouro* não seria alheio ao saque dos pagodes, poucos anos mais tarde. E, além do ouro, a abundância de pedrarias terá obrigado os europeus a constatarem algo com que não contavam: que a civilização indiana era mais complexa e, sob certos aspetos, mais refinada que a ocidental. Ao contrário de qualquer dos povos até então contactados, os membros das *varnas* ou castas altas roçavam a arrogância, tão seguros estavam da sua superioridade. Segundo documentos dos jesuítas, os maratas (povo da Índia meridional) desconheciam o pão e o vinho, desprezando os «bárbaros» que comiam pedra (pão) ou bebiam sangue (vinho tinto) e olhando os portugueses como se estivessem feridos de peste:

*Quando um português pisava um alpendre, logo os donos da casa o fazem e o desfazem outra vez de novo por não tocarem onde nós tocamos.*

O mesmo tabu existia em relação à comida oferecida pelos portugueses:

*Se comem alguma cousa que lhes nós damos, perdem logo o ser de gentios.*

A partir de mil quinhentos e sessenta, porém, a intolerância do Santo Ofício legalizou a repressão, que ia até ao confisco dos bens dos *gentios, infiéis,* judeus ou *hereges.* Daí em diante, a violência tornou-se incontrolável, e o dia a dia viu-se invadido por interditos que cresceram até ao grotesco: em mil quinhentos e setenta e cinco, um governador decretou que os *gentios* não podiam usar guarda-sol de pano, nem andar a cavalo ou de liteira como os portugueses. Números oficiais garantem que quinhentos e cinquenta pagodes e mesquitas foram demolidos. Hindus e maometanos tiveram de construir novos locais de culto fora de Goa, nos sete territórios maratas ocupados pelos portugueses dois séculos mais tarde e desde aí chamados Novas Conquistas. Deste tempo data o pagode de Shri Manguesh, em Pondá. Shri significa Santuário, e Manguesh é um dos nomes de Shiva, a energia que faz girar o universo. Uno e trino, Shiva pode aparecer sob forma humana ou representado pelo *linga*, cilindro vertical de cabeça arredondada que na base é Brahma, o espírito; no centro é Vishnu, o que reequilibra as forças contrárias e regressa à terra quando necessário; no cimo, o *linga* é Shiva propriamente dito, o benfeitor da humanidade, o deus que dança ondeando os quatro braços na sua dança imparável. Um ocidental é tentado a ver no *linga* apenas a estilização do membro masculino, esculpido quase sempre em granito (ou em prata, nos templos mais ricos), a fim de melhor resistir ao desgaste dos banhos rituais. Para um hindu, o *linga* é isso e mais que isso, é a roda-viva que liga o nascer ao morrer e ao renascer, o criar ao destruir e ao recriar.

Shri Manguesh passa por ser o mais rico pagode goês. A torre branca, da altura de sete andares, tem traços dos antigos campanários cristãos, e a importância deste santuário mede-se pelo tamanho do albergue amarelo para os peregrinos que em abril e maio virão venerar o *linga* e assistir às danças e ritos do culto divino. Tivemos de nos descalçar à entrada e, embora não nos fosse consentido chegar ao pé do *linga* reservado aos fiéis, vimos o interior intensamente iluminado por lustres europeus. De tronco nu, os sacerdotes faziam as suas vénias dentro de um círculo que os fiéis cercavam, oferecendo grinaldas, num ruidoso vaivém, tão oposto à solenidade ocidental perante o sagrado.

Fora, aguardava-nos o paradoxo perpétuo que é o sorridente deus-elefante Ganesh, de cabeçorra engalanada pelo halo da divindade e esculpida em altos-relevos nos carros alegóricos destinados a desfilar em cortejo nos festejos do deus. Em volta de um tanque enorme que a tarde fosca tornava baço, em claro contraste com a brancura dos muros, mulheres e crianças vendiam grinaldas de lótus índico, cujas sementes são comestíveis, de cuja flor nasceu Brahma, o espírito, e cujas pétalas servem de trono a Ganesh, o semielefantino. Este deus trombudo respira simpatia e tem, como Shiva, quatro braços cheios de pulseiras, e grossas argolas nos artelhos. Numa das duas mãos direitas empunha a ponta afiada da presa, quebrada em combate e por ele usada na redação dos duzentos e vinte mil versos da epopeia *Mahabharata* (*Grande Guerra dos Barata*), muito mais extensa que a *Ilíada* e a *Odisseia* juntas. Apesar de barrigudo e rechonchudo, Ganesh desloca-se em cima de um rato seu mensageiro, porque se esgueira por tudo que seja fresta, fenda, frincha ou greta. O dom de poetar não o impede de ser eficaz em coisas práticas. Por isso vence obstáculos e propicia todo o tipo de começos, desde casar, fazer casa ou mudar de casa, até entrar num emprego, numa profissão nova, num negócio, inaugurar uma obra, uma ponte, um escritório, uma estrada, iniciar uma viagem. Enquanto poeta, segreda versos aos poetas, consta até que inspirou a poética versão teatral de nove horas que Peter Brook fez do *Mahabharata*. Se eu tivesse invocado esta divindade-peso-pesado antes de iniciar o presente relato, o leitor ficaria a ganhar.

No dia em que vimos Shri Manguesh, fomos ainda à mesquita de Safa Shahouri, erguida em mil quinhentos e sessenta, a dois quilómetros de Pondá. Interdita a mulheres, só nós, homens, entrámos descalços no modesto edifício de janelas em arco, o oposto da opulência de Shri Manguesh. Uma austeridade cinzenta e desolada, refletida no tanque de abluções meio cheio de água opaca e com pedras partidas ou rachadas.

Hinduísmo e cristianismo contaminaram-se em Goa a vários níveis, sobretudo através da arquitetura. Aqui é natural enfeitar com colares de flores, à maneira hindu, os pequenos cruzeiros caiados que se veem em encruzilhadas e bermas de estrada. E não menos natural é ver-se, ao lado de um cruzeiro, um santuário-miniatura dedicado a qualquer deus hindu, também pintado de branco mas com algo de oriental nas decorações, um friso azul, uma cúpula amarela ou vermelha, uma grade antirroubo em ferro igualmente pintado de cores inflamadas.

Numa das nossas tardes goesas, apeteceu-me rever a igreja renascentista de São Francisco de Assis e o convento respetivo, transformado em Archeological Museum para guardar restos de pedras, esculturas de destruídos templos hindus, retratos de vice-reis e presidentes portugueses adormecidos numa galeria de glórias idas. Assim que entrei na igreja, iniciada pelos franciscanos na primeira metade do século dezasseis com pedra lavrada de um pagode demolido na ilha de Divar e refeita em estilo barroco um século depois, agradou-me o seu sóbrio silêncio, o chão de largas lajes e lápides funerárias com nomes aristocráticos e grandiosos brasões esculpidos na pedra gasta, o altar-mor e os altares laterais em talha que os anos tornaram menos dourada, as despojadas paredes cobertas apenas pela iconografia ligada à vida do Santo de Assis, o teto altíssimo a que a nudez da nave vazia dava a ilusão de ser mais alto ainda.

Tive dificuldade em imaginar que ali tivessem tido lugar julgamentos conducentes à morte na fogueira, segundo uma gravura em que esta igreja aparece apinhada de gente sentada em bancadas, presenciando impávida a sorte dos condenados, como num circo de crueldade.

Encandeado pelo excesso de luz no exterior e absorto em cogitações, devo ter-me distraído, e de repente vi-me ali sozinho. Não, afinal não estava sozinho: um homem baixo espreitava-me parado entre duas capelas do lado esquerdo, semioculto sob o púlpito de dossel muito teatral sobredecorado com motivos florais e colocado a meia altura da parede, de modo a dar a ilusão de estar suspenso. Seria o sacristão, um vigilante? A princípio não liguei. Porém, sentindo-me observado, olhei segunda vez e, sim, era ele, o homem que entrevi de fugida em casa da família Figueiredo. Trazia o mesmo corpete ou colete verde-velho, as calças amarelo-açafrão ou amarelo-enxofre em forma de balão, demasiado largas até para a mais exótica das modas atuais, e as tais botas altas de cano mole, descambado. Fez--me uma vénia oriental, as mãos juntas diante da cara como se rezasse, e veio vindo devagar, no andar inquieto de quem receasse assustar-me.

Ao parar perto de mim apercebi-me da sua magreza, da pele amarrotada, amarelenta, do cabelo castanho--arruivado, comprido, espigado, mal lavado, que lhe caía pelos ombros e se espalhava pelo peito, do bigode ralo, da barbicha reduzida a um monte ruivo de penugem sob o lábio. Os olhos verde-escuros, turvos e inseguros, fixaram--me num olhar decaído, hesitando quanto ao modo de se dirigir a mim. As pernas tremiam-lhe ao retribuir os meus *bons-dias* com um mover inaudível dos lábios, como se há muito não falasse. Trabalhava ali? Não, tinha era vontade de conversar um bocado e saber porque é que eu dera tanta atenção aos frescos e aos quadros do altar. Porque a pintura me interessa, respondi. O seu vocabulário indeciso e vago levava-o a procurar cada palavra e a princípio foi-me difícil entendê-lo.

Assim que lhe propus outra língua suspirou de alívio e, num francês que me soou um tanto arcaico, agradeceu, esclarecendo que nascera em Bruxelas no ano dos três cometas e que dantes, além da língua natal e do concani (o mais importante dialeto marata, esclareceu), falava menos mal o dialeto romano e o flamengo. Em caso de necessidade, recorria a gestos ou aos restos do seu latim elementar para co-

— 56 —

municar com algum padre ou frade, e corrigiu: algum padre ou frade dos antigos, que os novos, quanto a latim...

Intrigado com a referência ao ano dos três cometas, interrompi-o para saber que ano especial fora aquele. Num tom condescendente, respondeu-me que, como ninguém ignora, os cometas trazem a desordem, perturbam os mortais, transmitem mensagens entre os planetas, são avisos de turbilhões e cataclismos, de inundações, de epidemias, prenúncios do fim do mundo.

Detetando as minhas reticências sobre se ele perdera o juízo ou se brincava comigo, mudou de assunto, contou que desde cedo quisera deixar a Europa e partir, conhecer o Oriente *de onde tudo nos veio* e que tanto atraía tanta gente. Devia era ter vindo mais cedo: após um breve regresso a Bruxelas, onde tudo se lhe tornara estranho e estrangeiro, ao completar quarenta e quatro anos, número de capicua, decidiu cortar com tudo e partir. Desconfiei que queria partilhar um segredo comigo e limitei-me a escutá-lo. Sem amargura nem ressentimento informou-me de que *fora* pintor. Porém, desde que escolhera Goa, ou Goa o escolhera a ele, tudo fizera para desaparecer da memória de si mesmo e dos seus pares. Experimentara o fulgor e a euforia da revelação enquanto artista, antes de sofrer desastres e desgraças que deram outro rumo à sua vida. Vivera mais de vinte anos em Roma, na Via Margutta, paróquia de Santa Maria del Popolo, e em Roma conquistara a reputação de retratista refinado. Como nenhum romano se dava ao trabalho de lhe fixar o nome (ora lhe chamavam Suars ora Suers ora Suarsi), preferia que o tratassem por *Cavaliere*. Vira aumentar o número dos seus admiradores, obtivera até um sólido patrono, por isso lhe custara deixar a cidade.

Porquê então o exílio, e porquê Goa, tão longe? Porque *o longe está sempre onde esteve, em parte nenhuma, graças a Deus*, respondeu, e referiu um certo Nicolas Étienne, o único amigo que tivera, homem de fortes convicções religiosas com quem, em Bruxelas, dormira no chão, jejuara, escutara recados do Além, cuidara dos pobres e enfermos, dando-lhes comida e tratamentos. Étienne pertencia à Missão de São Lázaro, congregação que aliava a ação à contemplação, obrigando os seus membros a um certo número de horas de silêncio por dia.

A conversão de multidões por Francisco Xavier inflamou nele e no amigo a vontade de verem a Índia. E levaram-no a repensar a relação com a pintura, tão ligada à fortuna, à mundanidade, à vontade de poder e às vaidades de retratistas e retratados. A arte deixara de lhe dar a plenitude a que aspirava, sentiu a frustração dos *que acordam tarde sobre sonhos precocemente sonhados* e, de súbito, descobriu-se servo voluntário da sua fé. Descontente com a boa consciência da cristandade, passou a procurar Deus como um espião por conta própria, um *espião de Deus* sem ajuda de ilusão alguma, nem sequer a ilusão da imortalidade prometida à arte.

Marselha, durante séculos porta do Oriente para quem de França ou do norte da Europa demandava a Terra Santa, foi para ele mais que uma porta, foi uma boia de salvação. Ao saber que o bispo de Heliópolis ia embarcar com missionários da Société des Missions Étrangères (hoje chamada Missions Étrangères de Paris), ofereceu-se para os acompanhar como irmão laico. A navegação decorreu sem acidentes, aportaram a Nápoles, contornaram as costas da Campânia e da Calábria, pelo Estreito de Messina esgueiraram-se do Mar Tirreno para o Mar Jónio e daí rumaram a Creta. Depois foi Jerusalém e a desilusão. Em Jerusalém disseram-lhe que algures na Etiópia ou Abissínia, ou na Índia, entre os discípulos do apóstolo São Tomé, tinha morrido o Preste João, um rei cristão, e ele considerava um dever dos cristãos do mundo inteiro ajudarem o seu sucessor ou sucessores.

Uma vez que o bispo de Heliópolis atravessaria a Síria e a Pérsia a caminho da China, aproveitou a companhia dos missionários até Bagdade para aí procurar quem o levasse aonde quer que um rei cristão estivesse escondido. Em Bagdade pouco mais lhe disseram do paradeiro desse rei-mistério, talvez não na Índia mas em África. Para uns, não se deixava ver de perto porque era o rei dos reis de um grande império; para outros, não passava de um simples presbítero. Tanta contradição aumentou-lhe a curiosidade, e confessou ao bispo que o seu objetivo era agora encontrar o tal reino escondido. O bispo foi compreensivo, concluiu que então a missão não era para ele ou ele não era para missões daquelas. Sem ressentimentos, despediram-se. Ninguém se zangou com ninguém e ele prosseguiu sozinho, deixou crescer a barba, comprou um cavalo árabe, arranjou turbante e túnica para melhor se disfarçar de mercador e integrou-se numa caravana de cavaleiros que procuravam manadas de burros selvagens para domesticá-los, cruzar burras com cavalos e vender as crias deles. Assim percorreu a península arábica, primeiro rumo ao sul e depois enviesando até ao Golfo de Omã, ponto de passagem para todo o comércio do Golfo Pérsico, e por isso o rei de Portugal tentou dominar Omã durante décadas. Em Mascate, sob um calor intolerável mesmo à sombra das altíssimas torres da fortaleza erguida pelos portugueses, trocou o cavalo pela passagem num *chatura*, veleiro leve e muito rápido (esclareceu), de casco afilado e de cinco velas pequenas num só mastro, cujo nome os portugueses adaptaram para *catur*. Embora me divertissem estas divagações eruditas, o *Cavaliere* deu-se conta de que eu espreitava o relógio, desculpou-se e voltou ao relato da aventura que ele temera fosse a última. Os ventos desencontrados da pior fase da monção agarraram no catur como numa palha, e atingiram velocidades que ele jamais imaginara. Os remadores, em princípio desnecessários com ventanias tais, é que acabaram por salvá-los, porque as vagas cavalgavam o barco, inundavam o fundo, por pouco não o devoravam, e todos não eram de mais para deitar água borda fora. Ele próprio, rezando continuamente, atou-se à tábua do banco e, com as mãos em concha formando uma pá côncava, fez o que podia, enquanto podia. Assim, postos nas incertas mãos da sorte, foram descendo por milagre o Mar Arábico até aportarem a Bombaim, a sua boa baía.

Aí o casco foi calafetado, as velas reparadas e, com ventos menos mortíferos e vagas mais maleáveis, voltaram a navegar correndo a costa em direção ao sul. Desistiu da

Abissínia, definitivamente convencido de que o Preste João estaria na Índia. Ao avistarem o Forte Aguada acreditou enfim que a inclemência dos elementos tinha ouvido o seu pedido de ver Goa e morrer. Viu Goa, gostou de Goa, compreendeu que quem via Goa não precisava, como era o seu caso, de ver Lisboa.

Em Goa ainda pintou nos primeiros meses. Um servo sudra, da casta nascida dos pés da divindade e por isso confinada aos trabalhos mais baixos, ajudou-o no fabrico de tintas artesanais à base do pó de terras peneiradas numa rede fina e misturado com óleos, gomas, resinas, até obter aqueles tons negro-púrpura semelhantes aos fundos escuros que se tinham tornado uma das marcas dos seus quadros. E, com torrões mal desfeitos, aprendeu também a engrossar as primeiras demãos e a trabalhar os tons de laterite (do latim *later*, barro, fez questão de explicar), aqui tão frequente na pedra das igrejas. Na dos jesuítas, por exemplo, do outro lado do largo, ali em frente, acrescentou e apontou na direção do Bom Jesus.

Reconheceu que a impaciência, aliada à falta de encomendas, o levou a desistir da pintura, a deixar de ter sequer vontade de pintar. Passou a vaguear pela cidade numa inação tranquila, em paz consigo, liberto de ambições artísticas, fascinado pelas figuras e cores criadas pelos artesãos locais, que lhe foram revelando os mitos e deuses do hinduísmo.

Perguntei-lhe o que é que o atraía nesses deuses que para mim eram filhos do delírio. Resposta perentória: fascinava-o uma originalidade que, na Europa, nem os maiores artistas alcançaram; fascinava-o a riqueza das suas máscaras, que ultrapassam os limites da razão ocidental. A não ser, concluiu, que o Ocidente mudasse muito, ou antes, que mudasse tudo.

Entusiasmado pelo seu próprio entusiasmo, voltou a mencionar Vishnu, que, além de fazer parte da trindade divina presente no *linga*, se manifesta em nove encarnações nem sempre sob forma humana: o homem-jabuti, o homem-javali, o homem-peixe, o homem-leão, e assim por diante. Como não reagi, perguntou-me se eu sabia que a décima encarnação de Vishnu virá só quando o deus decidir acabar com este mundo torto e criar um mundo justo, novo. Não, não sabia. E Krishna, o senhor conhece? Nisso de deuses sou analfabeto, respondi, mas de Krishna a gente sabe o que se vê no Ocidente, as danças e cantilenas, as tranças, roupagens e sandálias dos seus crentes. Não lhe pedi um curso acelerado, mas o *Cavaliere* fez questão de me contar que Krishna, o libertador, o deus das dez mil noivas, deu a vitória aos cinco irmãos Pandava por respeito ao amor deles entre si e ao amor de todos eles por Draupadi, mulher dos cinco. Amores desses, só nas fábulas, contestei. Sem ligar ao meu aparte, insistiu que o Ocidente tem dificuldade em entender um mundo em que tudo coexiste, deuses-elefantes, deuses-macacos, deuses-serpentes, deuses de muitas vidas, de muitos nomes e transfigurações. Achava ele que os deuses hindus ultrapassam, com as suas metamorfoses infindáveis, os prodígios dos deuses do Olimpo e dos infernos da Grécia clássica.

— 62 —

Uns e outros, hindus e antigos gregos, tinham, têm deuses imperfeitos, porque pensar os deuses como seres perfeitos é não os perceber. Mas será que algum dia saberemos o que é um ser perfeito?

Olhei o relógio, era tarde, àquela hora já os meus companheiros de viagem deviam julgar-me raptado ou, pelo menos, desencaminhado. Não resisti porém a perguntar-lhe se em Goa tinha amigos. Sim, alguns amigos ou conhecidos, respondeu, ligados aos *Jardineiros de Deus*, gente preocupada com esta Terra que já viu melhores dias. Antes que ele desatasse a dissertar sobre novo tema, interrompi-o: e desde quando vive aqui? Fez um silêncio de quem se esqueceu, até que acabou por dizer: desde mil seiscentos e sessenta e quatro. Insisti: desde quando? Repetiu a data. Novo silêncio, embaraçoso, embaraçado, pesado como o fim do dia que inundara as trevas da nave. Sorri sem o levar a sério, mas ele não sorriu.

Comentei que, pelos vistos, os Céus compensaram os seus serviços trocando-lhe anos por séculos de vida. É possível, respondeu sem sorrir, e estava grato a esses Céus que lhe deram a *chance* de ver o muito que tinha ainda para aprender. Despedi-me, e ele apresentou-se: Miguel, como o arcanjo. Admirei-me: Miguel, um nome português? Bem, na verdade fora Michiel, mas em Goa passara a ser Miguel à portuguesa ou Michael à inglesa e, mais recentemente, Mike, conforme com quem falava. Michiel quê? Sweerts, Michiel Sweerts, e soletrou o sobrenome duas vezes. Novo embaraço, novo silêncio.

— 63 —

Desejei-lhe boa tarde, muitas tardes do seu tempo intemporal. Quando íamos separar-nos, achou que devia justificar a vida contemplativa que levava. Com voz enfraquecida, concluiu num francês arcaico, peculiar, talvez do tempo de Montaigne, que ele era *soy-mesmes la matiere de sa vie* (ele mesmo a matéria da vida dele). Desejando-me boa estada na *sua* cidade, virou costas, umas costas dobradas, e desapareceu a passo lento sob o arco de um altar do lado esquerdo.

Fora, no largo sem ninguém, o coração e a cabeça do que foi o Império Português do Oriente tem agora algo de Elsinore: solitários portais e paredes cercadas pela ameaça da invasora flora tropical, massa verde e compacta, mais forte e mais perigosa que o bosque de Birnam. Paradoxos do acaso ou orgulhosa vingança do passado: se a Inquisição desterrou para longe da capital as mesquitas e os templos hindus, as igrejas acabaram por sofrer outro tipo de desterro, um desterro interior, desde que Velha Goa se tornou insalubre. A insalubridade ter-se-á manifestado logo em mil quinhentos e quarenta, quando um elefante caiu na lagoa de água potável que servia a cidade e aí apodreceu. Mesmo assim o comércio cresceu durante um século e, já no ocaso da prosperidade, ainda espantava o autor do relato autobiográfico *Voyage de Pyrard de Laval aux Indes Orientales (1601-1611)*, que dedicou a Goa mais de cem páginas, chamou ao convento de São Francisco de Assis *o mais belo e rico do mundo* e elogiou as luxuosas lojas e tendas dos *mais de mil e quinhentos passos* da Rua Direita.

Era esse o percurso habitual para quem vinha do Mandovi, passava por baixo do Arco dos Vice-Reis e chegava à zona cosmopolita onde negociantes portugueses concorriam com franceses, italianos, alemães e de muitas mais nações, e onde os novos-ricos se exibiam em liteiras alombadas por criados ou escravos fardados de libré:

*Há cerca de cento e dez anos que os portugueses se tornaram donos desta ilha de Goa, e frequentemente me surpreendeu como, em tão poucos anos, aí souberam fazer tantas construções soberbas em igrejas, mosteiros, palácios, fortalezas e outros edifícios construídos à maneira da Europa.*

Agora, lojas, tendas, librés e liteiras, negócios e riquezas evaporaram-se. Dos palácios e casas de habitação até as pedras foram levadas para Pangim, quem sabe para onde mais? Tornada inabitável, a metrópole de outrora é um fantasma ainda digno e grave. À hora das missas e em dias festivos, os fiéis vêm de fora e, exceto nas festas do Santo Xavier, dificilmente encherão as igrejas enormes, demasiado majestosas, erguidas na euforia da Contrarreforma. Das *construções soberbas*, só duas são habitadas: o Seminário de Rachol (Rachol Seminary), instituído por D. Sebastião como Colégio de Todos os Santos, com a sua branca fachada torreada e o seu ar de igreja-fortaleza ao cimo de uma colina onde um templo hindu foi demolido para lhe dar lugar; e o Convento de Santa Mónica (Convent of Saint Monica). Do ramo masculino da mesma ordem, o Convento

— 65 —

de Santo Agostinho, resta só a torre imponente, isolada num campo de ruínas.

As agostinianas mónicas (Santa Mónica era mãe de Santo Agostinho) vieram para aqui em mil seiscentos e seis e foram, até ao começo do século dezoito, a única ordem feminina em Goa e não só: além de convento, era também o único refúgio para mulheres casadas com maridos embarcados, desde Macau até Marrocos.

Estão documentados protestos de vice-reis, governadores e, mais tarde, vereadores do Senado da Câmara contra o bispo que, em vez de acolher e recolher meninas desprotegidas ou órfãs, aliciava viúvas ricas de Goa e outras cidades e feitorias, de Ormuz a Cochim, que para lá levassem património. Porque isso diminuía a hipótese de segundos casamentos e depauperava o erário municipal, às autoridades civis não convinha estimular vocações religiosas: os milhares de solteiros que a *carreira da Índia* trazia anualmente precisavam de ter com quem casar e povoar aquelas novas partes da cristandade. As mónicas já cá não vivem, mas as freiras e noviças de várias congregações e origens, que aqui estudam e ensinam no Mater Dei Theological Institute, transformaram em horta e jardim o claustro com a sua capela-arco. As paredes e a abóbada nervada da Sala Capitular estão cobertas de murais maneiristas à espera de restauro, como recentemente restaurado foi, graças à Fundação Gulbenkian, o Coro Baixo, hoje Museum of Christian Art. Os portugueses chamam-lhe Museu de Arte Sacra, como se *arte sacra* fosse sinónimo de arte cristã. Todo o branco edifício tem um toque feminino na limpeza, no claustro bem cuidado, nas janelas com cercaduras azuis. E a própria irmã que nos guiou comunicava, mais do que informação, o jovial dinamismo de estar viva.

Nas primeiras viagens à Índia, Vasco da Gama decretou que qualquer mulher embarcada fosse açoitada em público, o que não impediu passageiras clandestinas de acompanharem amantes ou maridos.

Já em mil quinhentos e cinco chegava a Goa uma Iria Pereira com António Real, tendo ambos viajado nas barbas do poder, nada menos que na nau-almirante de D. Francisco de Almeida, primeiro governador e primeiro vice-rei da Índia. Ignorado ou revogado o decreto do Gama, o hábil Albuquerque pediu ao rei que «despachasse» para a Índia mulheres e filhas dos homens que aqui serviam. O pedido de Albuquerque foi ouvido e depressa começaram a vir mulheres. Para as solteiras, porém, não havia senão duas alternativas: convento ou casamento.

Entre os registos quinhentistas, há o caso de Francisco de Mariz, nomeado vedor da fazenda de Goa, ou seja, cobrador, inspetor e fiscal de impostos. Tendo deixado Lisboa com a mulher, dois filhos e três filhas menores, morreu a bordo, e a viúva e os órfãos chegaram sem nada a Goa. Os rapazes, desse por onde desse, tinham a saída do exército. Para as filhas era pior. A mais velha casou com um homem idoso que lhe garantia a sobrevivência da família. A mais nova, de nove anos, aguardava a puberdade para que os dominicanos a casassem com o rei das Ilhas Maldivas, que eles tinham convertido. Entretanto, os dominicanos acharam que uma certa Leonor de Ataíde, provavelmente de melhores famílias, estava mais à altura de ser rainha maldiva.

D. Beatriz de Lima não teve melhor sorte: também o marido, D. Paulo de Lima, lhe morreu a bordo. A viúva adaptou e vestiu a roupa do defunto e, disfarçada de homem, chegou à Índia. Tendo recusado que o cadáver fosse lançado ao mar, escondeu-o não sei como e não descansou até lhe dar enterro condigno, em terra firme.

Aventuras assim não faltariam antes de Goa entrar em decadência e passar a ser chamada Velha Goa. Superpovoada e insustentavelmente insalubre, obrigou os vice-reis a mudarem-se no século dezoito para Pangim (hoje Panaji), perto da foz do Mandovi, e a residirem no ex-palácio de verão de Yusuf Adil Shah ou só Adil Khan (o Idalcão das nossas crónicas), sultão do Bijapur e senhor de toda a região até ser derrotado e expulso pelos portugueses. Após obras de aterro no século dezanove, a própria capital foi transferida para Pangim e passou a chamar-se Nova Goa, cidade hoje capital do *estado* de Goa mas com o antigo nome de Panaji. O palácio de Adil Khan e, depois, dos vice-reis portugueses, metamorfoseou-se em Assembleia Legislativa, e a alvura das paredes nuas, os sóbrios janelões do piso nobre e o telhado tradicional de quatro águas continuam a espelhar-se, por cima dos séculos, no tranquilo Mandovi. À porta da Assembleia, luxuosos automóveis com choferes que conversam cá fora enquanto os deputados conversam lá dentro. Hábitos herdados das mordomias portuguesas? Novo-riquismo pós--colonial?

Uma pessoa distraída ou que tivesse dormido mal e não soubesse onde estava, diante da igreja de Nossa Senhora da Imaculada Conceição, muito branca no cimo da branca e alta escadaria, à primeira vista pensaria estar em Portugal. Mas, reparando melhor, veria que o púlpito exterior de cantaria azul rendilhada como filigrana tem um toque oriental. E, se houvesse missa, tanto poderia calhar ouvi-la em inglês como em concani ou português. Em baixo, no Largo da Igreja, uma loja com livros na montra atiçou a minha atração pela livralhada. Entrei e, de repente, estava num desses híbridos de papelaria e livraria tão comuns em Portugal, com poeirentas estantes metálicas cheias de *books*, inclusive portugueses que há muito ninguém lê, postais maltratados pela humidade e pelo sol intenso entre artigos de vária utilidade, blocos, envelopes, pacotes de folhas A4, amontoados de bibelôs em pelúcia descorada, artigos para arquivo, pastas de plástico.

Na toponímia e nas tabuletas de profissões e oficinas abundam nomes conhecidos: Rua Luís de Menezes, Rua 31 de Janeiro, Rua de Gomes Pereira, bairro de São Tomé, das Fontainhas, Casa Pino, Monte Altinho, Ponte dos Patos, Regato de Ourém. O português, porém, já só é falado por quem estudou antes da *invasão* ou *ocupação* de Goa (designação portuguesa desse tempo), a que os indianos chamam *libertação* de Goa: o corte de relações entre Portugal e a União Indiana liquidou aqui o futuro de

— 69 —

uma língua que durante meio milénio foi a língua oficial. Pouco depois do fim do Estado Português da Índia, Giorgio Manganelli visitou Goa e admirou-se que a União Indiana não tivesse integrado esse derradeiro território colonial nos estados confinantes, Maharashtra ou Karnataka. Em vez disso, Goa tornou-se um estado, o mais pequeno da União. E os dois microterritórios do enclave de Damão e do ilhéu de Diu, em vez de serem absorvidos pelo vizinho Gujarat, passaram a ser diretamente administrados pelo governo central. De onde Manganelli concluía que delicadezas destas não foram decerto os ocidentais a ensiná-las. Tinha razão: foi um grupo de goeses liderado pelo médico Jack Sequeira quem lutou pela relativa autonomia e evitou que os traços portugueses se diluíssem mais depressa ainda.

Um dos portugueses que para aqui vieram e aqui ficaram foi Garcia de Orta (hoje *da* Orta). Em mil quinhentos e sessenta e três, no fim da vida, publicou em Goa os *Colóquios dos Simples e Drogas e Cousas Medicinais da Índia*, depois de ter trocado os confortos de uma carreira de *físico* (médico) e a cátedra de filosofia em Coimbra pelo risco de se meter ao mar até Bombaim, onde o vice-rei lhe dera de aforamento a *ilha de Mombaim* (uma das sete) e onde cultivou, investigou e descreveu plantas nunca vistas por olhos europeus. Viveu na Índia perto de três décadas. Aqui terá convivido com um *soldado da Índia* que em seu louvor escreveu uma ode elogiosa. A ode serviu de prólogo aos *Colóquios*, e o poeta viria a ser mais conhecido que o destinatário do elogio: era

Camões. Lembrei-me de Garcia da Orta na ida à *Quinta das Especiarias*, misto de restaurante ao ar livre, exploração agrícola e jardim botânico, dispondo de um elefante de serviço às fotografias com visitante em cima e de um bar-bazar de produtos ervanários cuja eficácia oscila entre a medicina e a magia. O catálogo, traduzido do inglês para um português mal lembrado, mal transcrito, sem sinais diacríticos, comicamente errático e errado, elenca moléstias e seus tratamentos:

DEPRECAO (*depression*)
*Sementes de cardamom em po cosido na agua com cha e tomado para remedio a deprecao mental. Un massan comido com melo tambem e un dos meleores remedies para deprecoes.*

DESABILIDADE SEXUAL (*sexual disability*)
*Pocco po de nos muscarde com pocco saffrao no copo de leite de vacca tomodo antes de ir a cama par dez dias.*

MAO CHEIRO DO CORPO (*unpleasant body odour*)
*Tome uma gouta de olio bassilico (Tulsi) mixturado na chavina para 30 dias. Evita carnes e comidas com protainas.*

MIGRANHAS (CHA DE LUSO LIMA) *migraine (lemon grass tea)*
*Symptomos: Com dores constantes par dois lados da testa, tambem nauseas, vomintos, visao disfigurada que dura das 30 minutos para treis a quatro horas.*

*Specerias:*
1. *Luso Lima (batido)*
2. *Cardamom (em po)*
3. *Gengibre (1 pedaso)*

*Metedo de preparar:*
*Poim todas treis na uma taxa com agua, cosa para 3-4 minutos, toma 2-3 vesas para dia tomas pelomenos para 30-45 dias e tenhas alleviamento do migranhas (continiu se neccesitar).*

Pressao Alta *(high blood pressure)*
*Mistura uma cullerinha de cominhos com duas cullerinha da ague de coco e leite e tome todas manhas para quinz dias continue se precezar.*

Por cima dos jacarandás, dos tamarindos e da explosão verde dos coqueiros de troncos limpos, lisos, uma árvore de alto porte a que chamam *gurjan* cresce até cerca de sessenta metros e protege do excesso de sol as outras árvores: a teca (*tectonia grandis*), o jambeiro vermelho ou jambeiro-de-malaca (*syzygium malaccensis*), o zambolans ou jamboleiro (*syzygium cumini*) que, *por ser de natureza quente e melancólica, com humidade serve para tirar a doença do baço* e dizem dele que é um deus disfarçado, a árvore-da-gralha, em cujos troncos se erguem altares, a pimenteira, *que presta para deitar ventosidades, e cortar fleumas, e despedir febres,* e a mangueira (*mangifera indica*), o marmeleiro-da-Índia, o gengibre (*zingiber zingiber*), o sésamo ou gergelim (*sesamum indico*), a árvore-da-canela (*cinnamomum cassia*), a areca ou arequeira (*areca catechu*) que *serve para sarar chagas de mulheres*, o bétele ou betle (*piper betle*), que deita uma seiva avermelhada e se junta a folhas aromatizantes para mascar,

*é amargo e por este motivo misturam-lhe areca... Os mais poderosos e mais ricos juntam-lhe cânfora de Bornéu, alguns linaloés e mosco ou âmbar. Preparado desta maneira é dum gosto agradável, pela sua fragrância dá à boca um hálito tal que os mais ricos quase continuamente o mascam, e outros conforme as suas posses, ainda que não falte quem masque a areca com cardamomo ou cravos... As mulheres que vêm reunir-se aos homens mascam bétele antes de conversarem, e julgam ser de grande sedução para a lascívia*

e, enfim, o dragoeiro (*pandanus*), os fetos, de que existem mais de cento e vinte espécies, e o anil ou anileira-da-índia (*indigofera tinctoria*), que *presta para tingir*, cura mordeduras de cobra, icterícia, epilepsia, e *é medicina para endemoninhados*.

Por um obscuro salto mental, associei este anil *para endemoninhados* à sonâmbula aparição do pintor flamengo. Como se a minha vocação para a solidão estimulasse os solitários, não foi ele o primeiro estranho a fazer-me confidências, só que desta vez a confissão vinha acompanhada de reflexões meio enigmáticas. A certa altura opinou que o ser humano é um ser sem razoável razão de ser. Terei ouvido bem? Com o seu ar de oráculo, seria esta frase mais uma amostra do gosto dele pelo mistério, mais uma pirueta verbal para me impressionar? Murmurou ainda algo acerca do tempo, falou em tempos de ruído e tempos de silêncio, interrogou-se sobre se alguém sabe o que é o tempo, sobre se o tempo passa por nós ou nós por ele. Comentou que tratamos o tempo como se fôssemos o alfaiate dele, tiramos-lhe as medidas, vestimo-lo de acordo com o nosso gosto, as nossas conveniências, encurtamos aqui, alargamos ali, condenados a jamais conseguirmos definir de que matéria ele é feito. Enfrentamos aliás o sonho e o tempo da mesma maneira, sem discernirmos a fronteira entre o que no sonho é onírico e o que é retrato das nossas vidas, como se cada um dos nossos sonhos fosse sonhado por outras pessoas, todas diferentes umas das outras e diferentes entre si. No fundo, faltam-nos palavras para pensarmos o sonho, o tempo, o espaço, o essencial.

Cansado do esforço necessário para seguir o seu francês antiquado, esqueci-me de lhe perguntar, uma vez que ele chegara aqui numa época em que a Igreja proibia os *gentios* de pintarem santos, anjos e a Sagrada Família, se as suas mãos católicas e comprovadamente devotas teriam ajudado a cobrir altares e paredes vazias de tanta igreja recém-construída. Haveria obras dele em Goa? Pouco a pouco a sua voz fora perdendo força ao ponto de me obrigar a adivinhar-lhe certas frases, e de repente perguntei-me se esta nossa conversa não seria em diferido, se não teria já tido lugar noutro tempo, noutro lado? E se o meu presente se confundisse com o passado daquele pintor desconhecido dos outros e dele mesmo, tão irreais ele como eu? E se os atores de todas as histórias fossem sempre os mesmos, só mudando os cenários e as cenas?

No nosso último dia em Goa fiquei olhando aquele mar soberano e indiferente ao fluir e refluir das vagas sucessivas de mil e mais mil e mais mil seres humanos em busca da volúvel sorte, enfrentando mares inóspitos, acostando a terras perigosas, num infindável desfile de euforias, doenças, sacrifícios, vaidades grotescas, traições, dedicações, abnegações, derrotas, vitórias, lutas de morte, infortúnios e súbitas fortunas:

*Mais almas são perdidas dos portugueses que vêm à Índia do que se salvam dos gentios que os pregadores e religiosos converteram à nossa santa fé... porque estes letrados que cá vêm como desembargadores entram tão mortos de fome e vivos na cobiça e desejosos de enriquecer que nenhuma tenção têm, nem a outro fito atiram.*

É claro que nem todos cediam à cobiça. O vice-rei D. João de Castro, ao receber um presente do marajá,

*não quis tomar para si cousa alguma, porque em todo seu tempo viveu tão puro, e desinteressado, que até cousas muito poucas que lhe davam, mandava que se vendessem para el-rei.*

Revi então de mim para mim o que de grande aqui já estava e tudo o que aqui cresceu ou foi acrescentado: os rios Mandovi e Zuari, que desaguam lado a lado e cujos nomes rimam como os seus destinos; a foz do Mandovi flanqueada a norte pelo Forte Aguada, a sul pelo cais de Dona Paula, portuguesa filha de gente grada, que neste lugar se atirou à água e morreu

— 75 —

afogada por não a deixarem casar com um pescador de Goa; a foz do Zuari com mangais entre nuvens de mosquitos; os ramos e lianas de cipó das suas ribas, as folhas largas dos seus emaranhados bananais, a força desta flora e destas águas; a pequena igreja de Santa Catarina, outrora muito venerada; o magnífico altar-mor da mesma santa na desmesurada sé catedral, a maior de toda a Ásia; a talha dourada na igreja barroca do Seminário de Rachol, que foi parte do Colégio de Santo Inácio; os altares e altares e altares como cenários iluminados; e tantos lugares que são nomes de pura música: Pangim, Banguelim, Bicholim, Morombim, Panelim, Sanquelim, Querim, Thivim, Morjim, Candolim, Betim, Agassaim, Cortalim, Dabolim, Cansaulim, Arossim, Loutolim, Benaulim com as mansões das grandes famílias brâmanes, Chinchinim, Cavelossim, Cuncolim, por aí adiante.

E vieram-me à memória os decassílabos de «O Poeta Simónides», elegia do desalento escrita por quem fugiu para Goa *como quem o fazia para o outro mundo* e chegou na única nau que, naquele ano, conseguiu alcançar a Índia (as outras soçobraram ou *arribaram ao reino*, ou seja, voltaram para Lisboa), e durante dezasseis anos deambulou pelas Ásias num crescente desengano, mandando cartas que foram destruídas ou naufragaram. A única que não se extraviou resumia Goa numa frase: *Da terra vos sei dizer que é mãe de vilões ruins e madrasta de homens honrados.*

Entre tombos dos navios e os tombos não menos brutais da vida de armas, entre *vilões ruins* e heroicos *homens honrados*, Camões regressou a Lisboa ainda mais amargo. Doente e indigente, foi desembarcado *na dura Moçambique, terra de falsidade e má vileza*, e entregue à caridade de quem lhe desse comida e roupa limpa.

Em Moçambique demorou-se dois anos. Até que, em mil quinhentos e sessenta e nove, Diogo do Couto, futuro escrivão da alfândega de Diu e futuro guarda-mor da Torre do Tombo do Estado da Índia, o acompanhou até Lisboa. Cerca de vinte anos mais novo que o Poeta, Couto fizera a dura vida dos militares na Índia durante os dez anos anteriores, apesar de

*saber bem a língua latina e italiana, nas quais compôs alguns poemas, e assim na nossa vulgar, em que teve particular graça.*

Na Índia, onde é provável que se conhecessem, ou só em Moçambique, sabe-se que Camões lhe leu ou deu a ler passagens do que viriam a ser *Os Lusíadas*. Talvez isso movesse o jovem Couto a levar o Poeta para o Reino. À chegada, a peste grassava na capital de onde Couto logo regressou a Goa, preferindo os perigos da viagem e a vida nos trópicos à morte inglória na *sua* Europa.

*Não se emigra para as Índias, mesmo se aí se fica e aí se morre já nesta época. É antes de tudo um serviço imposto, mesmo se a miragem da Índia implica esse afastamento, esse risco, essa perda e essa fascinação por um outro mundo e uma outra vida melhor do que a da pobre Europa.*

— 77 —

Mas talvez Couto tenha assim salvado o Livro. Nomeado Cronista da Índia em mil quinhentos e noventa e cinco pelo rei Filipe I de Portugal (Felipe II de Espanha) e encarregado de prosseguir a *Ásia* de João de Barros, *a narração expedita e o desembaraço militar* do seu estilo revelam um ágil renarrador que não se inibia de retocar ou transcrever centenas de relatos orais e de textos alheios. Era o oposto de João de Barros, que nunca foi à Índia embora tivesse sido educado na corte com o futuro monarca (educação de que tirou mais proveito que a real cabeça) e, como feitor da riquíssima Casa da Índia, conhecesse os meandros do poder na capital do reino. Couto, pelo contrário, passou quase meio século entre Goa e Diu e contou o que viu, com a verdade do vivido. Quarenta e sete anos após aquele encontro com Camões, Couto morreu em Goa. Foi em mil seiscentos e dezasseis, ano em que lá longe, numa Europa distante a vários títulos, morriam Cervantes e Shakespeare.

Acordei antes de amanhecer, abri a janela para a varanda e demorei-me um pouco escrutinando a escuridão da água parada como

> *O fundo de um poço, húmido e morno,*
> *Um muro de silêncio e treva em torno.*

Às sete da manhã estávamos já a caminho do aeroporto e do voo que nos levaria até Cochim, com a bola vermelha do sol subindo por detrás das ramagens ralas das casuari-

nas e, do lado poente, a lua descendo redonda até mergu-
lhar no mar.

Ultrapassámos uma família (o casal e um filho) em cima
de uma bicicleta motorizada, nenhum deles usando capacete mas todos com ar contente, confiando no *seu* santo, nos
seus deuses, na vida? Ultrapassámos mulheres de andar direito, elástico, decidido, de saias daquele pano-da-Índia a
que chamamos chita (do marata *chhit*) e corpetes de cores
vivas, carregando canastras de verga entrançada cheias de
peixe talvez acabado de sair do Índico. E, logo adiante, junto à estrada, nem lentas nem rápidas, ultrapassámos duas
mulheres descalças,

*de leve passo e gestos musicais*

deixando atrás de si, na ondeante visão do seu passar,

*pimenta, erva-doce e cravo*
*crepitando em cada sorriso...*
*Em cada gesto existe um rito.*

# COCHIM

O voo para Cochim (Cochi, ou Kochi), capital do estado de Kerala, saiu cedo, com tempo claro, sem vento. Os portugueses que antigamente aqui desembarcaram traziam desenhadores e cartógrafos para mapearem bancos de areia, ilhas, baixios, cabos, reentrâncias, recortes, perigos previsíveis e defesas possíveis desta costa que lhes custaria tantas vidas. E traziam decifradores dos astros, astrolábios, cartas de marear, tabelas náuticas. Lamentei não ter a meu lado quem me localizasse algum dos lugares que os versos do Poeta me ensinaram:

> *E vereis Calecu desbaratar-se*
> *Cidade populosa e tão potente;*
> *E vereis em Cochim assinalar-se*
> *Tanto um peito soberbo e insolente...*

Rumo ao sul, devemos ter sobrevoado a ilha de Angediva, Mobor, Cabo de Rama, Mangalor (Mangalore, última feitoria portuguesa) e Cananor (Kannur), outrora também feitoria portuguesa, famosa pelos carregamentos de cardamomo e gengibre que inflamaram a fantasia da Europa desde a publicação das viagens de Marco Polo. Preparava-me para obter do passageiro a meu lado alguma ajuda geográfica, quando nos serviram um caril de galinha com um vulcão fumegante de legumes cheirando a piripíri. O meu vizinho, um indiano bem disposto, bem vestido e bem nutrido, apesar da hora matinal avançava já pelo piripíri. Perante o seu quase palpável apetite, perguntei-lhe se quereria o meu incendiário pequeno-almoço. *With pleasure*, aceitou, esclarecendo num sotaque açucarado que na Índia não se diz *curry*, diz-se *massala*. Expliquei-lhe que em português há a palavra *caril*, do concani *kadhi*. Ele comentou *I see* e prosseguiu o elogio do *massala* que, segundo ele, dá cor à alma, liberta o espírito, equilibra o organismo e permite uma relação mais saudável com o nosso corpo. Falava por experiência: a sua especialidade era ensinar a trazer sucesso e harmonia às nossas vidas, e quem não precisa disso? Morava em Bombaim, diante do cinema Odeon (*Do you know where it is?*) e ia a Kerala dar um curso sobre como falar em público. Estendeu-me o cartão de visita:

*PROF. DHIRENDRA RELIA*
*M. A., DIP. IN H.ED., M. PHIL., VINIT*
*DIRECTOR; GYANABHARATI ACADEMY*
*For Public Speaking & Personality Development*

*I'm sure you'll like Kerala*. Kerala significa Terra de Deus, esclareceu sem parar de mastigar, encetando a embalagem do meu *massala* enquanto eu imaginava avistar, lá em baixo, a antiga Calecute (Kozhikode), onde um mouro de Tunes, misturando genovês e castelhano, contou ao Gama que naquela terra havia bens mais preciosos que a pimenta ou o gergelim: havia esmeraldas e rubis. Adiante, à direita, supus ver muito ao longe a mancha azul do que poderia ser um dos atóis ou recifes das trinta e seis ilhas Laquedivas (Lakshadweep), disseminadas a centenas de quilómetros da costa. Dizia-se que o paraíso era ali. Vasco da Gama ocupou algumas delas em mil quatrocentos e noventa e oito, logo à chegada. Porém, como o negócio das especiarias não estava nestas ilhas, que nem eram de interesse estratégico, meio século depois já os portugueses desistiam delas. Para me distrair da mastigação do meu vizinho, abri o caderno de apontamentos onde, antes da viagem, tinha anotado passagens de textos sobre lugares a ver, e dei com esta descrição de há cinco séculos:

*A mais notável divisão que a natureza pôs nesta terra é uma corda de montes a que os naturais, por nome comum, por o não terem próprio, chamam Gate, que quer dizer Serra; os quais montes, tendo seu nascimento na parte do norte, vêm correndo contra o sul, assim como a costa do mar vai à vista dele, deixando entre as suas praias e o sertão da terra uma faixa dela, chã e alagadiça, retalhada de água, em modo de lezírias em algumas partes, até irem fenecer no cabo Comori.*

E, no século seguinte, outra testemunha fala de Cochim como

*cidade mui bem assentada, sem haver nela outeiro ou ladeira alguma. Está situada junto do mar ao longo de um formoso rio, de mui boa água doce, posto que aí na barra é salgada por causa das marés.*

Sentindo o avião baixar, olhei pela janela sem saber se sobrevoávamos Cranganor (Kodungallur), que o Samorim distribuíra pelos filhos,

> *A um Cochim e a outro Cananor...*
> *A qual Coulão, a qual dá Cranganor,*
> *E os mais, a quem o mais serve e contenta.*

ou se era já Cochim. Era Cochim. Excetuando as pontes modernas e o trânsito contínuo, algo correspondia ainda à *cidade mui bem assentada* entre a laguna e o mar. Na península de Mattancherry, diante da ilha de Vaipin (Vypeen), fica Fort Cochi, nome que evoca o local do forte iniciado em mil quinhentos e três pelos portugueses e hoje praticamente destruído. Foi aqui que,

*no ano do nascimento de Nosso Senhor Jesus Cristo de mil quinhentos e vinte e quatro anos, aos quatro dias do mês de dezembro do dito ano... D. Vasco da Gama, conde da Vidigueira, almirante do Mar Índico e vice-rei das Índias, disse que recebia de D. Duarte de Menezes, governador que foi nelas antes dele vice-rei, a governança das ditas Índias...*

Em Fort Cochi fica o Museu de Arte Sacra, oficialmente Indo-Portuguese Museum, apoiado pela Fundação Gulbenkian: além de paramentos e documentos referentes a toda a diocese de Cochim, guarda-se nele um retábulo da igreja de São Francisco, agora Saint Francis, erguida pelos franciscanos trazidos por Cabral na segunda armada, aquela que os ventos alísios desviaram de África a caminho da Índia e, sem querer, foi parar a uma terra primeiro chamada de Santa Cruz, depois Brasil.

A fachada austera, ascética e maltratada desta igreja mostra as suas chagas: nódoas negras de bolor, infiltrações, humidade. Dentro, entre outras campas com quase ilegíveis inscrições portuguesas, uma cercadura em volta da pedra tumular de Vasco da Gama impede-a de ser pisada. Escassos vinte dias decorridos desde que acostara a Cochim na sua terceira viagem à Índia, o Gama, *almirante do Mar Índico*, devastado pelo paludismo,

*veio a tal estado que chegou a sua hora limitada de viver, que foi até véspera da festa do nascimento de Nosso Senhor Jesus Cristo de mil e quinhentos e vinte e quatro, em que faleceu... foi enterrado no mosteiro de São Francisco dos frades desta Ordem.*

Ao lado cresce uma *árvore da vida*, tronco grossíssimo, alta copa, ramadas portentosas. Já cá estaria em mil seiscentos e sessenta e três, quando os holandeses escorraçaram os portugueses de Cananor e Cochim, destroçaram ambas as feitorias e adaptaram ou deixaram degradar conventos, igrejas, colégios de jesuítas? Saint Francis sobreviveu. Salvou-a talvez a pedra tumular do Gama e as suas sucessivas metamorfoses luteranas: holandesa e anglicana. A Holanda do século dezassete, recém-libertada da absolutista e obsoleta ocupação espanhola, era uma república, recebia filósofos exilados como Descartes (aliás educado pelos jesuítas), e permitia que um panteísta como Spinoza publicasse obras revolucionárias. A nova visão dos tempos e a dinâmica holandesa, a sua eficácia a vários níveis, depressa ameaçou a presença portuguesa na Índia, em Angola, no Brasil. Os holandeses administravam a recente Companhia das Índias Orientais com implacável racionalidade, ao ponto de criarem seguros de viagem garantindo que, por exemplo, quem perdesse o braço, a perna ou o olho direitos receberia seiscentos florins; quem perdesse o braço, a perna ou o olho esquerdos, veria a indemnização reduzida em cem florins. Um português desse tempo escrevia:

*Contra esta nossa desordem nos podem servir de exemplo os mesmos holandeses, pois em cada embarcação não levam de ordinário mais de trezentos homens, nem sustentam na Índia mais portos que o de Jacatrá e Malaca, e os que lhe convêm em Ceilão para o trato da canela; de maneira que não têm em toda a Índia mais de mil homens pagos, pouco mais ou menos, e estes andam divididos, comerciando e militando.*

Contraste radical com o que sucedia nas naus portuguesas, segundo documentos portugueses:

*Na nau em que o vice-rei D. António de Noronha passou à Índia, em que o mesmo Diogo do Couto ia embarcado, partiram de Lisboa novecentas pessoas, de que na viagem morreram quatrocentas e cinquenta, e quase o mesmo foi pelas outras naus, porque, de quatro mil soldados que o vice-rei nelas levava, faleceram na viagem dois mil... E isto tem acontecido muitas vezes.*

Após a mortandade da travessia, na Índia reinava pouco menos que o caos:

*Tirando o tempo de verão em que os soldados andam nas armadas, os invernos ficam em terra sem terem quem lhes dê de comer, chegando muitos a pedir esmola pelas ruas e portarias dos conventos. Pelo que, obrigados uns da necessidade e outros da cobiça, se passaram muitos... a servir os Reis gentios daquelas províncias, os quais, dando-lhes soldos avantajados, vieram a ter muito maior número de portugueses em seu serviço do que el-rei de Portugal tinha nas suas armadas ou fortalezas.*

Os irresistíveis *fumos da Índia* traziam de Lisboa, ano após ano, milhares de homens dispostos a tudo, entregues à sorte, nenhuma profissão escapando ao frenesi:

*Pois tantos clérigos, tantos frades, tantos mosteiros e conventos, tantas casas de prazer, quintas e jardins para recreação de religiosos, em partes tão pouco firmes e seguras, de que servem? Quanto mais acertado fora converterem-se algumas delas em armazéns de armas.*

Estes *fumos* sentiam-se sobretudo em Cochim, cuja topografia tem, aliás, algo daquela Veneza que fora a maior vítima da chegada dos portugueses à Índia. Conta-se que banqueiros de Veneza se atiraram ao Canal Grande ao ouvirem a notícia do desembarque do Gama em Calecute. Mas os doges não se davam por vencidos, pouco dispostos a desistir do hipernegócio de mercancias indianas trazidas pelos *mouros* até Alexandria e vendidas por Veneza a toda a Europa. Em Portugal,

*os conselheiros reais não ignoravam também que a astuciosa república adriática, servida pelo melhor corpo diplomático da época, não hesitaria em lançar mão de todos os meios para evitar que a principal fonte dos seus lucros se estancasse.*

E um dos meios mais eficazes era o serviço de espionagem que a *astuciosa república* montara em Lisboa a cada regresso das naus da Índia:

*Quando Cabral chegou ao reino estava então em Lisboa um embaixador veneziano, Pietro Pasqualigo, [cujos] familiares procuraram os embaixadores [indianos] de Cochim e Cananor que tinham vindo em companhia de Pedro Álvares e fizeram-lhes crer secretamente... quanto Portugal era pequeno e pobre e a Senhoria de Veneza a maior potência da Cristandade, e dissuadi-los de trocar, em seus negócios, os mouros pelos portugueses.*

Aquilo que a espionagem veneziana segredava aos embaixadores de Cananor e Cochim, outros o segredariam noutras

— 88 —

O MURMÚRIO DO MUNDO

paragens, noutras línguas. Os rajás espiavam os portugueses enquanto se espiavam entre si. O Samorim de Calecute era espiado pelo rajá de Cochim, que transmitiria aos portugueses só o que lhe convinha. Este rajá, montando em tronco nu um elefante numa gravura do *Itinerário* de Jan Huyghen van Linschoten (mil quinhentos e noventa e seis), tornara-se aliado dos portugueses por precisar da fortaleza e do arsenal deles, que o apoiavam contra o Samorim ensinando-o a fabricar e a usar peças de artilharia. Além do apoio técnico-militar, os portugueses davam-lhe também valiosos presentes. A coroa de ouro maciço oferecida por Vasco da Gama está hoje bem guardada no Hill Palace Museum em Tripunithura, outrora residência dos derradeiros descendentes do rajá de Cochim. Uma tristeza sem grandeza desprende-se deste Hill Palace com os seus pavimentos de azulejo industrial, escadas em caracol e escadarias exageradas, corredores e galerias desconfortáveis, gravuras de paisagens europeias tiradas de revistas, fotografias meio apagadas de vaidades reais, pinturas, esculturas e coleções de moedas sem verdadeiro valor, tapetes gastos e demais mobiliário banal do século dezanove. O decaído casarão vitoriano, rodeado pela vegetação luxuriante da colina a que deve o nome, terá sido habitado até que a democracia, em mil novecentos e quarenta e sete, retirou aos rajás os privilégios milenares e milionários.

Prenda mais generosa e volumosa foi a que os portugueses entregaram ao rajá em mil quinhentos e cinquenta e cinco: o palácio de dois andares naquela parte de Cochim que hoje se chama Mattancherry. Pouco depois, os holandeses

— 89 —

tornaram-se donos da cidade e, porque o primeiro gesto do conquistador ou do colono é nomear na sua língua os lugares que conquista ou coloniza, o palácio passou a chamar-se Dutch Palace. Na sala do trono eram coroados os rajás. Nas salas ao lado, os murais vermelhos, azuis pálidos, verdes, negros, dourados de tons quentes, narram episódios dos *Purana*, do *Mahabharata* e do *Ramayana*, a epopeia de Rama, sétimo avatar de Vishnu e nascido desse não-orifício por onde se dizia dantes às crianças que todos saíamos: o umbigo.

Um outro Dutch Palace é o Bolgatty Palace, na ilha de Bolgatty, comprida e estreita língua de areia em forma de cobra estendida ao sol no lago Vambanad, à qual fomos e da qual voltámos no barco que liga a ilha a Ernakulam. Este edifício da era do Iluminismo, construído para o representante dos Países Baixos, foi ainda residência do governador britânico até ao fim do British Ray. Hoje serve de restaurante e *heritage hotel*, tendo um quarto chamado *Vermeer Room* com reproduções de Vermeer nas paredes. Apesar dos largos janelões (como se Cochim fosse Amesterdão), as densas árvores davam à clara mansão um tom sombrio no meio da luminosidade dos terraços e relvados.

As latitudes quentes, húmidas, onde tudo floresce depressa e depressa apodrece, tornam mais visível o que há de fugaz nas nossas vidas. A irrealidade daquele quase-idílio convidava a não prosseguir viagem, a ficar na calma senhorial da tarde deixando escorrer as horas, contemplando o deslizar dos dias, dialogando com aqueles que por aqui passaram e cujas vidas podem apossar-se de nós a ponto de se recusarem a passar. Costumo, por instinto, resistir às sereias passadistas, convencido de que

*aquele que não é capaz de opor-se ao seu passado não tem passado, ou antes, nunca sai dele, vive constantemente nele. O mesmo sucede àqueles que sempre desejam que o passado regresse, que não dão um passo enquanto tudo avança e que, por um impotente elogio dos tempos passados e um anémico maldizer do presente, são a prova viva de que não conseguem atuar no presente.*

E contudo algo ali me fez escutar um ciciar de vozes de outrora, vozes de mortos e mortos, vindas talvez do mar a dois passos, vozes de mitos e medos, nossas e alheias, vozes cujos ecos se demoram um momento antes que as águas incansáveis do lago as cubram e diluam sob o seu manto de espesso esquecimento, daquele esquecimento que aos poucos foi engolfando a aliança, constantemente posta em risco, dos portugueses com o rajá de Cochim:

*De Cochim saiu o nosso governador de mau acordo com aquele rei por haver intentado um saque no pagode de Palurte, encarregando deste feito o capitão Francisco da Silva que saiu dele sem fazenda e com três portugueses mortos, e pudera ser maior o dano se o rei* [de Cochim] *então não estivera ausente.*

A princípio os portugueses hesitaram entre Goa e Cochim como *cabeça de todo o Estado da Índia* e *chave de toda a Índia.* Ao escolherem Goa, Cochim foi reduzida a feitoria, mais rentável mas mais vulnerável do que Goa. O *cash-flow* de Cochim e doutras feitorias era tal, que o rei de Portugal decidiu aumentar de um para três o número dos seus funcionários do fisco:

*A quantos esta minha carta virem faço saber que por ser informado de como nas partes da Índia os negócios da minha Fazenda são tantos e vão em tanto crescimento que um vedor da Fazenda podia mal prover todas as coisas que por bem de seu cargo cumpria que provesse e por essa causa pode ser que minha Fazenda não seria tão bem arrecadada como cumpria nem as partes podiam ser brevemente despachadas, ordenei que nas ditas partes houvesse três vedores da Fazenda.*

Nestas longinquidades, não seria de estranhar que um ou dois ou todos os *vedores da Fazenda* fossem incontroláveis. E que a Casa da Índia, gestora em Lisboa das receitas da Índia, por vezes se distraísse. Em todo o caso, as finanças reais foram piorando, a coroa deixou de poder suportar os custos da feitura e manutenção das naus, passando os encargos e parte dos lucros a mercadores-armadores cuja cobiça fez o resto do trabalho:

*E em quanto as naus foram próprias d'el-rei, e a carga delas corria por sua conta, fizeram sempre suas viagens, e aconteciam poucos desastres; mas depois que se contrataram a mercadores, e que a carga delas correu por eles, são acontecidas grandes perdas, e desaventuras, porque a cobiça do ganho as faz carregar de feição, que nem lhes fica lugar para se marearem nem para levarem bem uma amarra... E na barra de Cochim se foi uma nau (pelo grande, e espantoso peso que tinha) ao fundo.*

Os naufrágios não eram as únicas *desaventuras*. Um dos soldados portugueses na Índia alertara já para os *perniciosos males* da ganância excessiva:

*As riquezas da Ásia, por meio dos vícios que com elas em Roma se introduziram, foram causa da perdição e ruína do império romano. Assim pela mesma maneira se pode ter por sem dúvida... que as riquezas da Índia foram a Portugal a ocasião de grandes e perniciosos males.*

Séculos depois, o historiador J. P. Oliveira Martins chegou a conclusão idêntica ao afirmar que a pimenta

*foi um mau negócio para o Tesouro de S[ua] A[lteza]; e a Índia, como negócio, foi pior ainda para a economia portuguesa.*

Mas nem Afonso de Albuquerque, numa carta de sessenta páginas ao rei de Portugal, escapava ao calor da conquista e à vertigem das *riquezas* da Índia:

*E se a Nosso Senhor aprouver que o negócio da Índia se disponha em tal maneira que o bem e riquezas que nela há vos vão cada ano em vossas frotas, não creio que na cristandade haverá rei tão rico como Vossa Alteza.*

Paralela a esta vertigem das *riquezas* existia porém a febre da fé, e os barcos do comércio traziam também os homens da Igreja. Na ilha de Vaipin, a ermida de Nossa Senhora da Esperança, agora restaurada pela Fundação Oriente com as portas e portadas pintadas de azul claro, respira uma crença simples, sincera, onde nem faltam velas votivas para pedir milagres e cumprir promessas. A fachada, cujas vidraças espelham o mar a dois passos, tem óbvias semelhanças com a da igreja de São Francisco e de outras igrejas em Kerala, reflexo da influência inicial dos franciscanos neste estado.

Em mil quinhentos e cinquenta chegaram os jesuítas a Cochim. Oito anos depois nascia Jacobo Fenicio (aliás Giacomo Finicio) em Capua, então pertença do reino de Nápoles. Tendo estudado com os jesuítas, ingressou jovem na Companhia. Aos vinte e poucos anos chegou a Lisboa, único porto europeu a fazer a Carreira da Índia, e aí embarcou para o Malabar, onde permaneceu até morrer, aos setenta e quatro anos, em Cochim. No Malabar redigiu, em português quase sem erros, o *Livro da Seita dos Índios Orientais*, inédito durante mais de três séculos até ser, em mil novecentos e trinta e três, publicado por um orientalista sueco na Imprensa da Universidade de Uppsala, a partir de um manuscrito do British Museum. O *Livro* revela extraordinários conhecimentos de hinduísmo, só acessíveis a quem falasse pelo menos uma das vinte e três línguas e cerca de oitocentos dialetos da Índia. Sabe-se que Fenicio pregava em malaiala e, graças a esse talento, obteve a confiança do Samorim de Calecute, um feito nunca antes conseguido por europeus. Durante a sua estadia na corte de Calecute, convenceu o Samorim a fazer breves tréguas com os portugueses. A somar a estes dons linguístico-diplomáticos, estudara arquitetura e matemática e terá introduzido no Malabar novos modelos arquitetónicos trazidos da Europa, o que ajudaria a explicar a estrutura comum a várias igrejas católicas e não católicas das comunidades malabares. Como todas as diferenças na sociedade indiana, os diversos cultos cristãos distinguem-se uns dos outros por questões de casta. No topo da pirâmide, os brâmanes donos de terras, enriquecidos pelo comércio da pimenta, são sírios-ortodoxos e obedecem ao patriarca jacobita de Antioquia, na Síria. As castas intermédias são sírio-católicas. As castas mais baixas, grupos de etnia macúa, pescadores e paravás (pescadores de pérolas) espalhados pelo litoral, converteram-se ao catolicismo, em parte por razões pragmáticas, para que as armadas portuguesas os defendessem dos piratas.

Nas nossas numerosas andanças por locais de culto, três deles surpreenderam-me pela sua originalidade. Em São Sebastião de Palluruthy, arrabalde a sul de Cochim, entrámos quando a missa das seis da tarde começava. Luzes de néon azul fluorescente acendiam e apagavam, como num anúncio, em redor do altar. Grandes estrelas eletrificadas, em papel, brilhavam penduradas ao longo da nave. O padre, jovem e não paramentado, de camisa comprida fora das calças, cantarolava breves frases ao som de música gravada. Sentadas no chão, de pernas bem tapadas pelas saias ou saris em cor-de-rosa, ocre, verde, violeta, cinza ou preto, as mulheres respondiam-lhe, embevecidas. Atrás, de pé, meia dúzia de homens assistia à missa.

Em São Lourenço de Edacochim, ainda mais a sul e sobre o lago Vembanad, a violência da maré arrastava juncos e jacintos de água em direção ao mar. Dentro, um velório. Mas, mesmo ao lado da igreja, altifalantes no tejadilho de uma carrinha funerária transmitiam música que não soava nada a fúnebre e cujo ímpeto, freneticamente festivo quando o enterro saiu, parecia ajudar o cortejo a levar o defunto para fora deste mundo.

Totalmente fora deste mundo é a colorida e animada fachada de Santa Maria de Kaduthuruthy, perto de Kottayam, cuja riqueza figurativa se aproxima da iconografia hindu. Num feérico cenário, a Santíssima Trindade coabita com dois assanhados dragões de boca aberta e cauda alçada, com dois santos de guarda à padroeira da igreja no seu nicho central e com duas *nagis* semelhantes a sereias de tronco rosado e rabo de peixe azulado, cada uma levando à cabeça o seu barco. Diante de duas janelas cegas, o arcanjo Miguel e o anjo Uriel fazem companhia a São Jorge e a dois anjos que, sobre a porta azul-marinho, vigiam a entrada. Não menos original que a frente da igreja é a torre da capela-mor, outrora casa-forte dos tesouros eclesiásticos e refúgio dos fiéis em caso de ataque, com frestas de onde era seguro disparar sobre assaltantes ou sitiantes. Como demonstração ou exorcismo, um caçador em baixo-relevo também colorido aponta a espingarda a um veado e a um tigre mal desenhado.

Gaudí, o *Douanier* Rousseau ou um simples escultor-de-
-domingo poderiam ser os autores destas figuras que revelam
afinidades com certos baixos-relevos da Antiguidade Oriental,
das civilizações entre o Tigre e o Eufrates. A imagética sump-
tuosa é característica de pelo menos uma das diversas comunidades de Cristãos de São Tomé, sobre os quais os europeus
dos séculos dezasseis e dezassete pouco sabiam, e nós pouco
mais sabemos. Há contudo referências à prática do seu culto
no *Livro do Que Viu e Ouviu no Oriente Duarte Barbosa*, escrito
pelo próprio, que nessa época vivia em Cochim:

*Comungam com pão salgado em lugar de hóstia; consagram dele
quanto abaste para todos quantos estão em a igreja; todo o dão re-
partido como pão bento e, ao pé do altar, o vem cada um receber de
sua mão. E o vinho é desta maneira: porque... Na Índia não havia
vinho, tomam passas que vêm de Meca e de Ormuz, lançam-nas
uma noite de molho e ao outro dia que hão de dizer a missa espre-
mem o sumo e com aquilo dizem sua missa.*

Os portugueses de Seiscentos julgavam que estes cristãos
seriam os mesmos que eles esperavam encontrar na Índia.
Por isso Vasco da Gama os recebeu naturalmente:

*Neste mesmo tempo vieram a ele, Almirante, outros embaixa-
dores que diziam ser da gente cristã, a que habitava para as
comarcas de Cranganor, quatro léguas de Cochi, que em número
seriam mais de trinta mil almas. A substância da qual embai-
xada era serem cristãos da linhagem daqueles que o apóstolo*

*São Tomé batizara naquelas partes, os quais se governavam por certos bispos arménios que ali residiam e por meio deles davam obediência ao patriarca da Arménia. E por quanto eles estavam entre gentios e mouros de quem eram mal tratados, e tinham sabido ser ele capitão de um dos mais católicos e poderosos reis da cristandade da Europa, lhe pediam pelos méritos da paixão de Cristo, os quisesse amparar e defender daquela infiel gente que os perseguia.*

A referência a *bispos arménios* adensa o confuso mistério sobre a origem dos Cristãos de São Tomé, dos quais os Cristãos Sírios pretendem ser os mais antigos:

*Vinte por cento da população de Kerala eram Cristãos Sírios, que acreditavam descender dos cem brâmanes que o apóstolo São Tomé converteu à religião cristã quando viajou para leste depois da Ressurreição.*

A ser verdadeira a crença de que o apóstolo incrédulo chegou ao sul da Índia, então teria fundamento a *lenda dourada* segundo a qual São Tomé foi sepultado no Coromandel, que dependia do rei de Narsinga:

> *Olha que de Narsinga o senhorio*
> *Tem as relíquias santas e benditas*
> *Do corpo de Tomé, barão sagrado*
> *Que a Jesus Cristo teve a mão no lado.*

O MURMÚRIO DO MUNDO

De acordo com a mesma lenda, a mão do *barão sagrado* que tocara a Chaga do Lado persistia em reaparecer, incorrupta, fora do túmulo. Outras fontes consideram seus contemporâneos os cristãos nestorianos, que obedeciam ao patriarca da Mesopotâmia e seguiam os ensinamentos daquele Nestor que se intitulava *catholikos* mas que Roma excomungara como herético. A sobrevivência de grupos cristãos tão diversos, todos conhecidos por Cristãos da Serra, poderá ter a ver com o isolamento de tantas igrejas e comunidades nos contrafortes da cordilheira dos Gates Ocidentais.

Esse isolamento teria também favorecido a permanência de judeus em Cranganor, supostamente aí residentes desde que a marinha mercante do rei Salomão alcançou esta costa. A Inquisição obrigou-os a procurar abrigo em Cochim, onde o rajá lhes ofereceu terreno para uma nova sinagoga. Destruída pelos portugueses e reconstruída assim que os holandeses tomaram o poder, chama-se agora Paradesi, do sânscrito *Paradeçi* (estrangeiro), fica numa rua estreita, sem saída, da *Jew Town* em Mattancherry, e diz-se a mais antiga da Índia. As diferentes proveniências dos seus membros (judeus do Médio Oriente e sefarditas que ainda falavam ladino, língua dos judeus ibéricos) refletem-se nos diversos estilos do interior. Com a criação do estado de Israel, muitos procuraram a Terra Prometida. Restam quatro famílias, incluindo a do guardião do templo, que nos guiou pela sua história acidentada. Ficámos a saber que as *Notícias dos Judeus de Cochim*, primeiro livro impresso no século dezassete sobre Paradesi, foi escrito em português pelo

— 99 —

holandês Moses de Paiva, descendente dos judeus perseguidos em Portugal e refugiados na Holanda. À saída lembrou ainda que Mário Soares, na visita oficial à União Indiana com a qual reatara relações diplomáticas, veio aqui pedir desculpa, em nome de Portugal, pelos crimes cometidos às ordens da Inquisição.

Vir a Kerala implica ver uma sessão de Kathakali, teatro específico do Malabar. À semelhança da tragédia grega, o Kathakali nasceu de rituais sagrados, chegou à maturidade no tempo de Shakespeare e ainda, em certos pagodes, faz parte de festivais religiosos. Kathakali significa *representar uma narrativa*. Na sua introdução em inglês quase inaudível, um «conferencista» explicou-nos que os temas, tirados do *Mahabharata*, do *Ramayana* ou dos *Puranas*, são expressos pela mímica e pelos gestos, pelas vestimentas e pela maquilhagem. Regras rígidas determinam que o vestir-se e maquilhar-se diante da assistência demore umas quatro horas, até que cada ator se transforme, por dentro e por fora, na sua personagem. A demonstração mais-que-abreviada a que tivemos acesso reduziu a meia hora a cerimónia preparatória, durante a qual os atores, sentados num estreito e pouco elevado estrado, se metamorfosearam em figuras maiores que eles próprios. Nos templos, o espetáculo vai do cair da tarde até de madrugada, mas a parafernália de mantos e vestimentas não será muito diferente do que vimos: longas saias sobrepostas de linho cru, pardo ou esbranquiçado, tufadas e com barras de cores várias, laranja, vermelha, verde ou ocre; por cima dos ombros, estolas de estopa grosseira com nós nas pontas para ficarem mais pesadas; unhas metálicas, longas e prateadas; guizos em cachos nos tornozelos, fazendo grande barulheira de cada vez que os atores batem com os pés no palco; argolas e colares no pescoço e nos pulsos; enormes orelhas artificiais; cabeleiras de corda de cairo ou de palha entrançada. A maquilhagem tem tanta importância quanto os paramentos. Cada cor, de tons carregados, define um caráter e é pintada em sucessivas camadas de unguentos pigmentados de negro-de-fumo, branco, verde, rosa, amarelo, vermelho. Os deuses (como Vishnu, o pai de Brama, que morreu e renasceu pelo menos sete vezes) e os heróis (como Rama) pintam a cara de verde. Demónios e seres diabólicos (como Ravana, o raptor da bela Sita) pintam também a cara de verde, mas com marcas brancas e vermelhas. Nos papéis femininos, homens de cara cor-de-rosa, com grossos traços de tinta preta por baixo dos olhos e por cima das sobrancelhas para realçarem a intensidade do olhar. Terminada a metamorfose da maquilhagem, começaram o rufar dos tambores em ritmo repetitivo e os gritos guturais que sempre acompanham a escassa ação, indecisa entre teatro-dança e teatro quase estático. Um dos atores incarnava não sei que ser maléfico, com mamas de pano e mamilos espetados, vermelhos e afilados, como nos diabos de Bosch. O outro, a julgar pela cara verde, seria o herói ou deus-guerreiro, com um capacete de larga aura que o engrandecia como as mitras dos reis nos baixos-relevos assírios, um manto verde como a cara e uma espécie de prato, de orelha a orelha, imitando uma barba inteiriçada. Tudo aqui é medido, codificado, preciso e tipificado, até as barbas, brancas, pretas ou encarnadas conforme as personagens. Para quem desconheça estes mitos, o enredo tornava-se enigmático, e só não caía na monotonia porque os atores, apesar de parados, mexiam constantemente pernas, braços e até, em movimentos circulares, as pupilas, numa técnica admirável.

O teatro Kathakali é uma viagem sofisticada ao mundo da arte. A ida às *backwaters* de Kerala é uma viagem não menos surpreendente. Olhando esta imensa massa de água, quilómetros e quilómetros quadrados de rios desembocando em lagos e canais navegáveis ligados entre si e paralelos à orla marítima, corre-se o risco de acreditar num Éden terrestre com nada menos que novecentos quilómetros de comprido. Chamam-lhe País dos Deuses ou, mais prosaicamente, a Tigela de Arroz da Índia. Os dados hidrográficos falam em quarenta e quatro rios e vinte e dois lagos, mas é impossível distinguir onde principia e acaba cada lago nestes contíguos cursos de água que percorremos desde o extremo sul do lago Vembanad, desde a pequena cidade costeira de Allappuzha ou Alleppey, a bordo de dois barcos de dois andares e de convés aberto, com bancos corridos no piso de cima. Por entre as diferentes declinações dos tufos das palmeiras, dos verdes de coqueiros e cajueiros, a súbita brancura de uma igreja, de uma escola de aldeia, tabuletas indicando o local de um *ashram*, mulheres carregando cântaros, homens com fardos à cabeça caminhando por estreitos carreiros à beira-lago, corvos limpando o lixo humano, uma vida decerto menos arcádica do que parece. Sentado na sua barca a remos, um guardador de patos vigiava como um pastor de ovelhas o seu bando de centenas de aves grasnantes, mergulhando e agitando as asas na placidez de uma enseada, sob um sol demorado. Manchas pardas de grandes toros de árvores abatidas flutuavam junto à margem, crianças nadavam, um ou outro pescador deslizava na sua quase-gôndola. Passámos por uma canoa carregada de rolos de cairo abrindo atrás de si um leque breve de ondas leves, e uma barcaça de estudantes de ambos os sexos, com as fardas dos colégios vitorianos de há dois séculos, acenando para nós com o entusiasmo com que outros colegiais, noutras situações e noutros lugares, aqui como em Goa, sempre acenaram à nossa passagem. Uma cordialidade inusitada, fora de moda, costumes que há muito deixaram de ser os nossos. Cruzou-se connosco um barco estreito e longo, de proa vagamente veneziana, manobrado por um homem ao leme e outro à ré. Entre ambos, uma cobertura arredondada, com paredes de fibra de cairo, canas de bambu calafetadas e janelas sem vidraças. Outrora usados no transporte de arroz, estes barcos foram transformados com fins turísticos em *houseboats*, casas flutuantes para viagens que podem durar dias ou horas, e em que o homem do leme, com ou sem ajudante, se encarrega de cozinhar, servir e pilotar.

Como em Cochim, também aqui há redes chinesas de pesca suspensas sobre as águas e assentes nas margens, semelhantes a aranhas gigantescas. Trazidas no século catorze por gente da corte de Kublai Khan, são mergulhadas na maré alta e, quando a maré desce, são levantadas à força de braços.

Enquanto balançávamos sobre as *backwaters*, o mais erudito dos nossos companheiros de viagem improvisou uma lição acerca do Padroado Português do Oriente, instituição que desde há séculos dava à coroa portuguesa o direito de indicar à Santa Sé os bispos, arcebispos e a maioria dos padres a enviar para o Oriente, ficando a coroa com o caro dever de arcar com todos os encargos. O Padroado incluía paróquias, dioceses e arquidioceses na Arábia, Pérsia, Afeganistão, Índia, Ceilão, ilhas Maldivas, Tartária Central, Tibete, Nepal, Birmânia, Pegu, em doze dos reinos malaios, Samatra, Sunda, Molucas, Batávia, Timor, Japão, China e Macau, onde a soberania portuguesa só no ano dois mil chegou ao seu ocaso. Os demasiado amplos domínios do Padroado foram sendo cerceados até que, no século dezanove, uma concordata os limitou a Semipadroado: Roma passou a designar bispos e arcebispos, e só três deles eram propostos pelos bispos do Oriente ao rei de Portugal, o qual se limitava a transmiti-los à Santa Sé. A fim de não ferir demasiado o orgulho nacional, Leão XIII promoveu o arcebispo de Goa a patriarca e deu à coroa portuguesa a satisfação de ser o embaixador de Portugal junto da Santa Sé a apresentar formalmente esses três prelados ao papa. No século vinte, dois novos e decisivos acordos: a partir de mil novecentos e vinte e oito, o arcebispo de Bombaim passou a ser alternadamente português ou britânico, apesar de Bombaim ser há muito britânica; em mil novecentos e cinquenta, os direitos portugueses foram reduzidos aos territórios na Índia. Desde a independência da União Indiana, estes direitos tinham deixado de ter sentido. E o fim do Estado Português da Índia já não tardaria. Ironia da História: depois de tantas lutas e astúcias, depois de estratagemas e estratégias, restam uns vagos traços na poeira dos milénios, uns vestígios vagos em estratos de tempo sobrepostos como anéis.

Há quem defina o tempo como *ser que, enquanto é, não é, e enquanto não é, é*. Há quem recorra a subtilezas para definir o tempo como *atomicidade transiente do devir*. E, entre os que enfrentam o tema do devir, há quem pense que o mais interessante *está sempre a jusante, no delta do rio, não na nascente*. Os mais sábios limitam-se a constatar que *o tempo o claro dia torna escuro*, ou perguntam:

*O que é, por conseguinte, o tempo? Se ninguém mo perguntar, eu sei; se o quiser explicar a quem me fizer a pergunta, já não sei.*

Assim Agostinho de Hipona sentiu a resistência que o tempo oferece a ser pensado. Hoje percebemos que a ideia de tempo varia de cultura para cultura, que

*a expansão europeia transtornou o ritmo das sociedades orientais; quebrou a* forma *do tempo e o* sentido *da sucessão. Foi algo mais que uma invasão. Esses povos haviam sofrido já outras dominações e sabiam o que é o jugo do estranho mas a presença europeia acharam-na uma* dissonância. *Certos espíritos trataram de adivinhar um propósito por trás dessa agitação frenética e dessa vontade*

— 105 —

*dirigida para um futuro indefinido. Ao descobrir em que consistia essa ideia, escandalizaram-se: pensar que o tempo é progresso sem fim, mais que um paradoxo místico, pareceu-lhes uma aberração. À perturbação misturou-se o espanto: por irracional que fosse essa conceção, como não ver que, graças a ela, os europeus realizavam prodígios?*

Os pretensos prodígios europeus não tornaram o planeta mais feliz, e deixaram por todo o lado uma herança de dois gumes, de benesse e pesadelo. Há anos, na Hungria, perguntei ao escritor Péter Esterházy se herdara ao menos algum pequeno palácio dos príncipes seus antepassados. Não herdei palácios, herdei *nomes* de palácios, respondeu com uma gargalhada. Algo de semelhante aconteceu com a herança portuguesa em Cochim e Kerala. Além de igrejas, palácios, monumentos, fortalezas, dados, datas, ficaram *nomes* de coisas, de pessoas, de famílias, de lugares. Nomes e sobrenomes portugueses, alguns em grafias antigas, ecoam ainda, memória longínqua, no romance de Salman Rushdie *The Moor's Last Sigh*, sobretudo Gama ou Da Gama (com D maiúsculo), o apelido português mais popular na Índia: Francisco Da Gama, Epifania Menezes, Camoens Da Gama, Isabella Sousa, Aires Da Gama, Carmen Lobo, Aurora Da Gama, a mãe demasiado amada do narrador-protagonista Moraes Zagoiby que ela alcunhara de *Mouro*, o Mouro do título. Comprei este livro numa livraria de Cochim sem um único autor de língua portuguesa, sem sequer um autor indiano de nome português.

Ao sairmos da cidade a caminho do aeroporto, o nosso condutor (hindu decerto, a julgar pelo cartaz tecnicolor colado ao para-brisas com um Ganesh multiusos que, entre outras funções, serve de São Cristóvão) travou de repente quando um *autorickshaw* vindo da esquerda se meteu sem aviso à nossa frente e teimava em não se desviar. Atrás de nós cresceu logo a barulheira do buzinar universal. Ao contrário do que sucede na Europa, a lei indiana autoriza o buzinar *de cada vez que isso se justifique*, ou seja, a cada instante. Aproveitando a paragem forçada da ruidosa massa de carros e mototáxis, o nosso condutor desceu do autocarro, aproximou-se do *autorickshaw* e não sei o que lhe disse. O outro deu-lhe um murro-relâmpago e acelerou metendo-se à justa por uma apertada passagem entre o tráfego, escapando à justa ira do agredido, sem outro remédio senão regressar ao seu volante, vencido, humilhado e resignado.

Apesar de quase inofensivo, este breve incidente abalou a minha impressão demasiado idílica sobre a não-violência em Goa e Kerala, onde a ausência oficial de analfabetismo terá contribuído para uma paz aparente ou real. Quando, meses mais tarde, insisti com V. S. Naipaul acerca da ausência de agressividade nestes dois estados, considerados a *Suíça da Índia*, respondeu-me ligeiramente sarcástico: *You did not look well*. Acredito que sim. Já no seu volumoso *India: A Million Mutinies Now*, se lia:

*Dos muitos ideais de Gandhi que os indianos não aceitaram,* ahimsa, *a não-violência, é a primeira.*

Mas há Índias e Índias, cada um vê a sua. Talvez nenhum de nós, nesta viagem, tenha visto as mesmas coisas.

*A vida é o que fazemos dela. As viagens são os viajantes. O que vemos não é o que vemos, senão o que somos.*

# REGRESSO

Parámos em Mumbai entre dois voos e, com a tarde por nossa conta, queríamos ver o centro. Mas o amável taxista, num inglês precário e adocicado, logo nos desiludiu: chegar ao centro levaria horas, e ele não nos garantia o regresso ao hotel a tempo de pegar nas malas e embarcar, às três da madrugada, de volta à Europa. Limitámo-nos por isso a fazer, sempre de táxi, uma ronda pelos bazares com seus

*xailes de Caxemira, que podem passar por dentro de um anel; colares de ouro e prata, que gorjeiam, com suas mil campainhas minúsculas; objetos de laca e charão; brincos, braceletes, adornos para a risca do cabelo, um do lado de cá, representando o sol, outro do lado de lá, representando a lua; pingentes que se põem por cima das orelhas, outros que caem na testa...*

O gosto oriental pelos dourados torna sumptuosos, sumptuários, até aqueles produtos que o Ocidente considera meramente utilitários. Isso me levou a comprar dois pacotes de chá, não pelo chá em si mas pelas embalagens, sacos de veludo preto com os dísticos *Rich Assam Tea* e *Pure Indian Tea* gravados a negro sobre rótulos dourados ou verdes. E, em vez de um simples atilho ou cordel ou elástico, um cordão dourado e entrançado em estilo de alta passamanaria servia para abrir e fechar os sacos, coroando-os como os galões de certas fardas, ou como a borla e franja do capelo dos doutorados em certas universidades. Quando descemos de novo à porta do hotel, o simpático taxista confundiu gostar e amar e perguntou: *Did you love me?* Sim, não o amámos mas gostámos do estoicismo dele, gostámos do estoicismo com que multidões de indianos enfrentam a sua difícil condição humana, gostámos da multidão das suas deusas e deuses, a mais espantosa ficção fantástica que conheço.

Afinal houve atraso no voo para Frankfurt, e ficámos sentados em bancos de pau até que a noite fosse *written off*, na forte expressão de Naipaul. O que me permitiu confirmar a sua exatidão ao falar dos *horrores de um sanitário público indiano*. Incluo entre os horrores o funcionário junto aos lavabos, estendendo aos passageiros um bocado de papel a servir de toalhete e juntando em seguida as mãos abertas à espera da gorjeta.

O visitante ocidental que pela primeira vez chega a Goa e Cochim enfrentará provavelmente a vertigem do caos à sua volta e dentro de si. Quando começa a familiarizar-se com a estonteante exuberância e com as contradições coexistentes, quando julga começar a entender a complexidade das castas, dos cultos e costumes tão diferentes, quando começa a fixar nomes, imagens, atributos dos deuses, tudo lhe foge de súbito, tudo se torna de novo confuso, como se o véu de Maia voltasse a cobrir a indecifrável irrealidade da Índia real.

Quem regressa de uma terra tão diversa traz fragmentos de caras, casas, ruas, cheiros, quartos, uma carga de imagens que, na alfândega-roleta do lembrar e esquecer, deveria pagar excesso de bagagem. Vim carregado de cores e de cansaço mas inteiro e em estado razoável, bem melhor dos que outrora, contentes por regressarem, contavam

> *Lá vos digo que há fadigas*
> *tantas mortes, tantas brigas*
> *e perigos descompassados*
> *que assim vimos destroçados*
> *pelados como formigas.*

Vim ainda carregado de algo mais: um outro modo de olhar, a certeza de não pertencer àquele tipo de *viajante que não fala do que vê, mas do que imagina ou deseja ver.* Trouxe comigo um bloco confusamente escrevinhado, uma curiosidade acrescentada, uma crescente descrença na *elegância da descrença.* E tornei-me mais atento à infindável memória do mundo, mais capaz de escutar o incansável murmúrio do mundo.

# Notas finais

Frases em itálico sem indicação da sua origem são dos autores seguintes:

Adolfo García Ortega
Alexander Search
Antero de Quental
António Ferreira
Álvaro de Campos
Bernardo Soares
Cecília Meireles
Diogo do Couto
D. João de Castro
Duarte Barbosa
Eduardo Lourenço
Francisco Rodrigues da Silveira
Frei João dos Santos
Friedrich Nietzsche
Friedrich Wilhelm Joseph von Schelling
Garcia de Orta

Gil Vicente
Georg Wilhelm Friedrich Hegel
*História Trágico-Marítima* (autores vários, alguns anónimos)
Ingmar Bergman
Jaime Cortesão
João de Barros
J. M. Coetzee
J. P. Oliveira Martins
Jorge Luis Borges
José Maria de Sousa Monteiro
Joseph Conrad
Ludovico di Varthema
Luís de Camões
Luís Quintais
Manuel de Faria e Sousa
Manuel Godinho de Erédia
Manuel Severim de Faria
Octavio Paz
Sá de Miranda
São Francisco de Assis
Søren Kierkegaard

Os textos dos séculos dezasseis e dezassete tiveram alterações mínimas na pontuação ou na grafia. À minha amiga e tradutora Marianne Sandels devo a oferta do último exemplar disponível em antiquários suecos da (até hoje única) edição do *Livro* escrito em português por Jacobo Fenicio.

## SOBRE O AUTOR

Almeida Faria nasceu em 1943. Na Universidade Nova de Lisboa, lecionou Estética em cursos de Filosofia. Em outros departamentos, deu cursos de Psicologia da Arte e Teoria da Literatura.

Os seus livros estão traduzidos em muitas línguas e são objeto de estudo em vários países. Pelo conjunto da sua obra, recebeu o Prêmio Vergílio Ferreira da Universidade de Évora e o Prêmio Universidade de Coimbra.

### Bibliografia

*Rumor branco,* romance, 1962 — Prêmio Revelação de Romance da Sociedade Portuguesa de Escritores, Editorial Caminho (4.ª edição), Lisboa, 1992, prefácio de Vergílio Ferreira.

*A paixão,* romance, 1965 — Leya (11.ª edição), Lisboa, 2008, prefácio de Óscar Lopes.

Edição brasileira: Nova Fronteira, Rio de Janeiro, 1988

Tradução alemã: S. Fischer Verlag, Frankfurt.a.M., 1968

Tradução francesa: Gallimard, Paris, 1969

Tradução holandesa: De Prom, Baarn, 1991

Tradução italiana: Passigli, Florença, 1998

Tradução sueca: Almaviva, Uppsala, 2009

*Cortes*, romance, 1978 — Prêmio Aquilino Ribeiro da Academia
das Ciências de Lisboa, Editorial Caminho (3.ª edição),
Lisboa, 1986, prefácio de Manuel Gusmão.

Edição brasileira: Nova Fronteira, Rio de Janeiro, 1991

Tradução sueca: Norstedts, Estocolmo, 1980

Tradução parcial alemã: *Fragmente einer Biographie*,
LCB, Berlim, 1980

Tradução francesa: Belfond, Paris, 1989

*Lusitânia*, romance, 1980 — Prêmio Dom Dinis da Fundação
Casa de Mateus, Editorial Caminho (5.ª edição), Lisboa,
1987, prefácio de Luís de Sousa Rebelo.

Edição brasileira: Difel, São Paulo, 1986

Tradução parcial alemã: *Fragmente einer Biographie*,
LCB, Berlim, 1980

Tradução sueca: Norstedts, Estocolmo, 1982

Tradução espanhola: *Lusitania*, Alfaguara, Madrid, 1985

Tradução grega: Medusa, Atenas, 1990

Tradução francesa: Belfond, Paris, 1991

Tradução sérvia: Geopoetika Publishing, Belgrado, 2011

*Os passeios do sonhador solitário*, conto, 1982 — Contexto,
Lisboa

Tradução italiana: Linea d'Ombra, Milão, 1983

Tradução húngara: Európa, Budapeste, 1985

Tradução alemã: Beck & Gluckler, Freiburg, 1988

O MURMÚRIO DO MUNDO

Tradução francesa: *Revue des Deux Mondes*, Paris, 1994
Tradução holandesa: *Bunker Hill*, Uitgeverij
Thomas Rap, Amesterdão, 1999
Tradução sueca: Almaviva, Uppsala, 2001
*Cavaleiro andante*, romance, 1983 — Prêmio Originais
de Ficção da Associação Portuguesa de Escritores,
Editorial Caminho (3.ª edição), Lisboa, 1987,
prefácio de Eduardo Lourenço
Edição brasileira: Nova Fronteira, Rio de Janeiro, 1987
Tradução francesa: Belfond, Paris, 1986
Tradução búlgara: Editora Karina M., Sófia, 2011
*Do poeta-pintor ao pintor-poeta*, ensaio, 1988 — INCM, Lisboa
Tradução francesa: Centre Culturel Calouste Gulbenkian,
Paris, 1989
*O conquistador*, romance, 1990 — Círculo de Leitores (3.ª edição,
aumentada), Lisboa, 1993
Edição brasileira: Rocco, Rio de Janeiro, 1993
Tradução francesa: Belfond, Paris, 1992
Tradução húngara: Íbisz, Budapeste, 1995
Tradução holandesa: Meulenhoff, Amesterdão, 1997
Tradução espanhola: Tusquets, Barcelona, 1997
Tradução italiana: Besa Editrici, Nardò, 2004
Tradução romena: Editura Art, Bucareste, 2008
Tradução dinamarquesa: Forlaget Orby, Kobenhavn, 2009
*Vozes da paixão*, teatro, 1998 — Editorial Caminho, Lisboa
*A reviravolta*, teatro, 1999 — Editorial Caminho, Lisboa
*À hora do fecho*, teatro, 2000 — Campo das Letras, Porto
Tradução sueca: Almaviva, Uppsala, 2001

Tradução italiana: Besa Editrici, Nardò, 2008

*Vanitas, 51 da avenue d'Iéna*, conto, 1996 — F. Calouste Gulbenkian (2.ª edição, aumentada), Lisboa, 2006

Tradução inglesa: idem, ibidem, 2006

Tradução francesa: Éditions Métailié, Paris, 2000

Tradução sueca: Almaviva, Uppsala, 2001

Tradução romena: Editura Vivaldi, Bucareste, 2007

Tradução italiana: Besa Editrici, Nardò, 2008

Tradução espanhola: Trea, Gijón, 2009

*Os passeios do sonhador solitário*, conto e libreto — INCM, Lisboa, 2011

*O murmúrio do mundo (a Índia revisitada)* — narrativa de viagem, Tinta-da-china, Lisboa, 2012

Edição brasileira: Tinta-da-china Brasil, Rio de Janeiro, 2013

NESTA COLEÇÃO

*Viva México*
Alexandra Lucas Coelho

*O murmúrio do mundo*
Almeida Faria

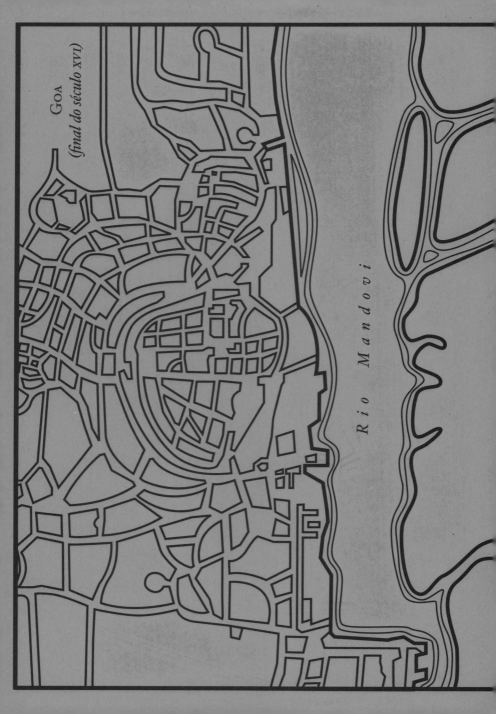